AF275737

FERRAN GONZÁLEZ FELIUBADALÓ

El arte del buen gobierno corporativo

Cómo generar valor a largo plazo, sostenible y de forma consistente, desde la cima de las organizaciones

ALMUZARA

© Ferran González Feliubadaló, 2024
© Editorial Almuzara, s.l., 2024

Primera edición: junio de 2024

Editorial Almuzara • Economía y Empresa
Director editorial: Antonio Cuesta
Editora: Ángeles López
Corrección: Mati Pérez
Maquetación: Joaquín Treviño

www.editorialalmuzara.com
pedidos@almuzaralibros.com - info@almuzaralibros.com

Editorial Almuzara
Parque Logístico de Córdoba. Ctra. Palma del Río, km 4
C/8, Nave L2, n° 3. 14005 - Córdoba

Imprime: Romanyà Valls
ISBN: 978-84-10522-34-3
Depósito legal: CO-955-2024
Hecho e impreso en España - *Made and printed in Spain*

«Los que gobiernan ínsulas por lo menos han de saber gramática».

Miguel de Cervantes

«Bienvenido a la raza humana. Nadie controla su propia vida, Ender. Lo más que puedes hacer es elegir ser controlado por personas buenas, por personas que te quieran».

Orson Scott Card

A mi padre, que, sin saberlo, me introdujo en el mundo del gobierno corporativo (quizá lo hizo a sabiendas, pero, aun así, me quiso sin límites). Y a mi madre, que lo hizo todo posible y todavía me quiere incondicionalmente.

A Sergio, Álvaro y Bruno, mis hijos: sois mis personas favoritas y mi razón de ser.

A mis cuatro hermanos, a quienes siempre he querido, aunque, en muchas ocasiones, no se lo he sabido transmitir como hubiera debido. Especialmente, a mi hermana Mercedes, a quien echo de menos cada día y de la que aprendí lecciones de vida como la bondad, la generosidad, la fortaleza y la resiliencia, aun cuando la batalla estuviera perdida.

Y para Ana. Por tu bondad y por hacerlo todo fácil. Pero, sobre todo, por dejarme quererte y por quererme como soy.

ÍNDICE

PRÓLOGO

Conozco bien a Ferran y sé que su contribución a la gobernanza se hace desde la convicción y desde la vocación que se desprende de un potente propósito personal y profesional que nace de algunas vivencias personales que, por cierto, comparte en este libro. También se hace desde la posición privilegiada que da la experiencia de muchos años dedicados a la gestión ejecutiva y no ejecutiva, y de otros tantos como asesor y como consultor. Ambas cosas, combinadas con la inteligencia y la agudeza que siempre esconden las reflexiones de Ferran, dan un resultado lleno de rigor conceptual y pragmatismo, con la elocuencia a la que Ferran nos tiene acostumbrados.

Prologar este libro tiene para mí un significado especial. No solo porque el autor es un amigo, sino porque el origen de este libro sembró, de alguna manera, la semilla de una relación profesional que ha contribuido a reforzar nuestra amistad. Recuerdo cuando, hace ya algún tiempo, Ferran y yo estábamos caminando por el madrileño parque de El Retiro, nuestra habitual forma de conversar sobre cualquier asunto en un marco relajado y distendido. En ese paseo, Ferran me pidió consejo sobre algunos aspectos relacionados con el libro que estaba escribiendo. Para tener el contexto suficiente, le pedí que me esbozara las principales ideas que estaba plasmando en el manuscrito, y a eso dedicamos la mayor parte de la hora larga que estuvimos conversando aquel día.

Conversar con Ferran, para mí, es sinónimo de descubrir, de crecer, de salir de la zona de confort. Tanto es así, que le pedí, hace ya varios años, que se incorporara como consejero primero, y luego, como socio, a nuestra firma. Sí, en las firmas de abogados necesitamos la visión de los ingenieros, de los hombres de cultura y, sobre todo, de los estrategas. No solo para gestionar nuestras propias empresas dedicadas al derecho, sino para poder aportar más valor a los clientes a los que servimos. En este sentido, Ferran es un líbero en nuestro equipo que nos ayuda a ser mejores y más eficaces.

Cuando Ferran terminó de contarme su visión sobre cómo se puede mejorar el gobierno corporativo en la mayoría de las organizaciones, y cuál es el impacto que esto debería provocar en la sociedad, sentí un claro alineamiento con mi propósito profesional de acompañar, proteger y servir a personas, empresas e instituciones a través del derecho, para contribuir a una sociedad más justa, libre y segura. Yo lo hago a través del derecho y desde mi despacho, Cremades & Calvo-Sotelo, y Ferran, desde la gobernanza de las organizaciones, mediante su propia consultora y su participación en diversos consejos de administración. Son enfoques complementarios que se retroalimentan.

Este libro es un compendio de lo fundamental para diseñar e implantar un buen modelo de gobernanza corporativa. Destila la esencia de infinidad de páginas y textos jurídicos condensados en lo esencial y con un estilo de fácil lectura y comprensión. Pero, acaso lo más importante, el enfoque del libro no es uno centrado en el cumplimiento normativo, sino en la generación de valor para todos los grupos de interés y, en particular, para los propietarios de compañías. No es el enfoque habitual que podemos encontrar en ensayos de corte jurídico sobre la materia.

Como muchos sabemos por experiencia propia, y como Ferran también explica a lo largo de las páginas de este libro, muchos, la mayoría, llegamos a los consejos sin que nos hayan enseñado a ejercer como consejeros, de la misma forma que nadie nos ha enseñado a ser propietarios de nuestras empresas. Son cosas que aprendemos poco a poco, muchas veces observando a otros y, también, a base de cometer errores. Este libro ayuda a que los consejeros aceleren ese aprendizaje, aportándoles marco conceptual y metodología y compartiendo experiencias. Todo ello para que, a su vez, los órganos de gobierno y sus miembros sean capaces de aportar valor con eficacia y responsabilidad... y sin hacerse daño.

Una vez le oí decir al propio Ferran que el talento tiene mucho que ver con lo que te apasiona. Y Ferran es un apasionado de la gestión empresarial; de la estrategia y de la gobernanza corporativa, en particular; y sobre todo, de las personas. Este manuscrito incorpora su mirada personal. Una mirada fresca, aguda y a veces provocadora, pero necesaria hoy más que nunca en un marco social y económico lleno de retos también para las empresas y en el que la figura del empresario está más cuestionada que nunca.

Nada sustituye una conversación en vivo con Ferran, pero, a falta de ella, este libro puede dar una buena idea de cómo sería esa charla. Espero que disfrutéis y aprendáis de la lectura tanto como lo he hecho yo.

Javier Cremades
Presidente y fundador de Cremades & Calvo-Sotelo
y presidente de la World Jurists Association
y de la World Law Foundation

13

INTRODUCCIÓN

«La suerte, ya veis, trae malos compañeros».
La perla (1947), John Steinbeck

Empecemos por entender, por qué son tan importantes los órganos de gobierno y por qué es también tan importante que funcionen bien.

Qué importante es la cabeza

Todo empieza por arriba. Si algún día me da por montar un salón de peluquería, no creo que pueda resistirme a usar esta afirmación en el rótulo.

Pero, bromas aparte, la cabeza debería servir para algo más que para llevar un corte de pelo a la moda. Y a las empresas les pasa lo mismo.

La cabeza de todo ser vivo tiene el privilegio de dirigir las «operaciones», de tomar las decisiones. Por si fuera poco, concentra una gran parte de los órganos sensitivos que ayudan a recoger información relevante. Y todo, para tomar buenas decisiones.

Podríamos decir que las empresas y las organizaciones son seres vivos. Necesitan de una buena cabeza para sobrevivir y tener éxito en una jungla llena de competidores.

Por desgracia, tener un buen cerebro no es condición suficiente para una vida larga y sana. Tenemos que lidiar con factores, algunos exógenos, difíciles de controlar y gestionar. Y con la suerte, que a veces juega caprichosamente sus bazas y nos lo pone difícil.

Pero, teniendo en cuenta el frío que hace ahí fuera, está claro que tener la cabeza bien amueblada es imprescindible para incrementar las posibilidades de éxito, para vivir más y mejor. De frío polar, por cierto, saben mucho los empresarios que, a lo largo de la historia, han perdido sus compañías (una mayoría) intentando sobrevivir en la estepa rusa del mundo empresarial, pero, claro, a estos casi nunca nadie les pregunta.

Nos cuesta preguntarles. Y casi nadie lo hace porque preferimos huir de las malas experiencias, no nos gusta ahondar en la herida y, además, no suelen interesarnos, pues tendemos a pensar que no hay aprendizaje en algo que acabó mal. Es más fácil que nos brillen los ojos con las historias (a veces constructos) que nos cuentan con vehemencia, en ocasiones infundada, los triunfadores.

Estoy convencido de que podemos aprender verdaderas lecciones en ambos lados de la misma moneda. Y para hacerlo, igual que para ser un buen consejero, el pensamiento crítico basado en un sano escepticismo es el que debe dominar nuestro análisis. Ser el jefe de nuestra cabeza.

Sin embargo, ese jefe no está solo. Ahora aparece en nuestra escena otro personaje que habita muchos cerebros: el «pintador» de dianas. Ese que dibuja la diana alrededor de la flecha solo después de que esta haya sido disparada, intentando convencer a los que no fueron testigos del disparo de que fue la maestría del arquero la que hizo que la flecha acabara clavada justo en el centro de la diana.

¿Y qué tiene que ver el pintor de dianas con nuestro tema? Las personas no siempre tenemos una clara percepción de por qué las cosas nos han ido bien o mal, pero tenemos una gran capacidad para racionalizar y construir un discurso que lo explique de forma convincente. Se dice que hay dos tipos de economistas: los que no saben hacer predicciones y los que no saben que no saben hacer predicciones. Sin embargo, la mayoría explica de manera convincente por qué pasó lo que pasó. Lo mismo pasa a veces cuando se explican las historias de éxito de algunas empresas (ya digo que las historias de fracaso suelen olvidarse). Construimos historias que narran la secuencia de sucesos, pero no las verdaderas relaciones causa-efecto ni su importancia relativa en la consecución del objetivo. Objetivo que quizá ni siquiera hubiéramos definido bien antes de tensar el arco o de empezar a andar. Casi siempre intentamos echar las culpas a los demás cuando no hemos triunfado y atribuir a los méritos propios el éxito. Aunque no sea así.

Es el pensamiento crítico y objetivo el que nos hará distinguir cuándo el resultado es consecuencia de un camino bien trazado y ejecutado o, por el contrario, un cúmulo de circunstancias no gestionadas, o esquivadas en el mejor de los casos.

Cuando las cosas son demasiadas y demasiado complejas, lo que sugiero es, precisamente por ese motivo, reflexionar con verdadero pensamiento crítico para tomar buenas decisiones, planificar todo lo posible para allanar el camino y trazar la ruta más fácil que nos acerque lo máximo posible al destino que buscamos.

Estas reflexiones son de perfecta aplicación a las empresas y tenerlas presentes para actuar en consecuencia es responsabilidad inalienable de sus órganos de gobierno. Es la cabeza la que aplica (o no) buen juicio cuando toma decisiones que condicionarán el futuro.

Los órganos de gobierno[1] de una organización son la «cabeza». Aunque, tanto en el mundo de la medicina como en el de la gestión de empresas, somos cada vez más conscientes de que hay neuronas fuera del cerebro que tienen un rol crucial, lo cierto es que las que nos sirven para tomar decisiones conscientes son las del cerebro.

Y son estas decisiones que están en nuestras manos las que condicionan lo que acaba ocurriendo en el resto del organismo. Mantener sano el córtex empresarial y ayudarle a tomar buenas decisiones a través de los consejos es la base del gobierno estratégico y corporativo que postula este libro.

Lo primero es tomar conciencia de que se pueden hacer muchas cosas para que todo vaya mejor. Cuando uno piensa que todo lo malo que le ocurre es culpa de los demás, deja de tener control sobre la situación. Me libero de la presión. Si es culpa de los demás, yo no puedo hacer nada. Por tanto, impedimos mejorar las cosas porque cometemos la falacia de ponerlas artificialmente fuera de nuestro control.

Es un mecanismo de defensa de la autoestima tan arraigado en la psique humana que hasta se refleja en nuestro lenguaje desde que somos niños: «*yo* apruebo» una asignatura en el colegio, pero cuando el resultado es malo, «*me* suspenden».

---

1   Aunque este libro se centra en el consejo de administración como el principal para las empresas, debemos incluir entre los órganos de gobierno a la junta general de accionistas, como máximo representante de la propiedad, y a los comités ejecutivos o de dirección, como máximos exponentes de los gestores operativos de la compañía. También se debe incluir a los posibles consejos asesores y a las comisiones y grupos de trabajo integrados en los consejos. Todos ellos, en un sentido amplio, forman parte de la «cabeza» de la organización.

18

Soy yo el que aprueba y otros, los que me suspenden.

En realidad, la inmensa mayoría de las veces, lo que nos ocurre (aprobar, obtener un sobresaliente o suspender) depende en gran medida de lo que nosotros mismos hagamos. No de los demás. Y en las empresas pasa lo mismo, empezando por la forma en que las gobernamos.

No son tantos los instrumentos de vuelo verdaderamente importantes, pero eso no quiere decir que sean fáciles de manejar

En la práctica, son pocas las cosas realmente importantes para hacer que los consejos funcionen. La mayoría de ellas apelan al puro sentido común, sin embargo, en muchas ocasiones solo conseguimos reconocer su simpleza cuando alguien las explica de forma clara y ordenada. Eso es lo que nos permite ver el camino y ser capaces de tomar las decisiones adecuadas.

Un buen símil para ejemplificar es comparar los sistemas de gobierno corporativo con un equipo de música. En el pensamiento *premillenial* de un equipo de sonido de alta fidelidad, la imagen que se nos viene a la mente es la de un amplificador, una pletina, unos altavoces y demás componentes que hacen que el equipo funcione. Cuando tú ibas a comprar uno a la tienda, pedías probarlo y, a lo mejor, por muy bueno que fuera, por ejemplo, el amplificador, el equipo en conjunto no producía el sonido que esperabas... Quizá los altavoces eran pequeños y su reducida caja acústica impedía que los sonidos graves se produjeran con un mínimo de potencia, por lo que, en definitiva, el sonido era de baja calidad. O puede que los altavoces fuesen estupendos, pero el amplificador no tuviese potencia suficiente para aprovecharlos. El resultado seguía siendo malo. Lo que determina el nivel máximo de calidad de sonido en un equipo de alta fidelidad es el peor de sus componentes. De igual forma sucede en los consejos. Mi marco conceptual para el diseño de buenos órganos de gobierno define seis «palancas de valor», que iremos revisando a lo largo del libro.

Cuando hay un problema, las personas tendemos a simplificar y atribuir los resultados a un solo factor, sin embargo, la realidad suele ser más compleja y el origen de lo que explica las cosas es multivariable y sistémico.

Hace algún tiempo, el CEO de una compañía que factura varios cientos de millones de euros me contactó para que les ayudase a entender por qué su consejo de administración seguía sin funcionar después de haber cambiado a sus miembros por personas de renombre y reconocido prestigio. Las personas que conforman un consejo son determinantes para que este funcione, pero los demás factores son igualmente importantes. Es un conjunto de cosas el que hace funcionar al sistema, no una sola. En este caso concreto, necesitamos revisar los objetivos, las funciones, el método, el liderazgo y hacer algún retoque en la composición del grupo. Después de eso, se hizo la magia y el consejo empezó a generar valor. Pasaron del «tenemos demasiadas reuniones de consejo» (síntoma habitualmente inequívoco de que el consejo da más trabajo que valor aporta) al «tenemos problemas para cuadrar las agendas y reunirnos todo lo que nos gustaría» (síntoma de generación neta de valor).

En cualquier caso, una cosa es que los factores a considerar sean pocos y de sentido común y otra muy distinta, que sea fácil diagnosticar dónde están los verdaderos problemas, diseñar una solución efectiva y llevarla a la práctica implantándola con éxito. Y esto es así, especialmente, cuando dichos elementos forman parte de un sistema integrado de decisiones y la secuencialidad en cómo se afrontan los retos es relevante. Además, la mayoría de las cosas que pasan en las empresas dependen de «personas humanas», con todas sus maravillosas inconsistencias e inexplicables sorpresas que van incluidas de serie. Este ensayo también trata de ello. Para ayudarnos a pilotar con diligencia y seguridad y, también, para escoger buenos compañeros de viaje. Hay un proverbio africano que me esfuerzo en recordar: «Si quieres ir deprisa, ve solo. Si quieres llegar lejos, ve bien acompañado».

Aunque, como digo, este libro se centra en lo básico, en el «abc» de la gestión en los órganos de gobierno, y, por lo tanto, debería ser útil para cualquier tipo de organización, las reflexiones están especialmente pensadas para empresas no cotizadas (a estas últimas les afecta una regulación muy específica en cuanto a su gobernanza que, para lo bueno y para lo malo, les marca un camino con poca holgura[2]).

---

2   Existen, fundamentalmente, dos ámbitos en los que las compañías cotizadas en España se hallan condicionadas de forma relevante con relación a su gobernanza corporativa.

El primero, como consecuencia de la actual Ley de Sociedades de Capital, que contiene un conjunto de normas que se aplican solo a las cotizadas (artículos 495 y siguientes) y que afectan al consejo de administración y a la junta general de accionistas. Con relación al consejo, es obligatorio, por ejemplo, que esté compuesto solo por personas físicas, que tenga un reglamento del consejo o que se haga una evaluación anual del desempeño. El nombramiento de consejeros debe hacerse tras informe de la Comisión de Nombramientos y Retribuciones (CNR) y la duración del cargo no puede ser superior a cuatro años, si bien los cargos pueden ser reelegidos. Se establecen por ley las definiciones de categorías de consejeros y las comisiones del consejo y sus funciones. El cargo debe ser remunerado, se regulan las operaciones vinculadas y los pactos parasociales que afecten al voto o a la transmisión de acciones deben ser públicos. En cuanto a la junta general de accionistas, debe tener un reglamento y se regulan algunas competencias específicas, como las operaciones de filialización. En la convocatoria se imponen importantes deberes

En cuanto a las microempresas, aunque es bueno que empiecen a pensar en estas cosas (especialmente, si ambicionan crecer), es posible que este tipo de reflexiones les caigan un poco pronto. Es diferente el supuesto de un pequeño negocio consolidado (también en su reducido tamaño) que el de una *start-up* (empresa emergente) que, si hace bien las cosas, en poco tiempo puede llegar a tener una dimensión considerable y que va a querer y necesitar atraer todo tipo de recursos para seguir creciendo (talento, capital, aliados, etc.). En este último caso, también es muy recomendable no dejar los deberes para más adelante. Es mucho mejor prevenir y anticipar lo que, de otra forma, puede llegar a ser un serio problema que condicione la buena marcha del negocio e incluso su continuidad. Además, disponer de un buen modelo de gobierno corporativo funcionando «a velocidad de crucero» lleva su tiempo, y las compañías en fuerte crecimiento suelen estar abstraídas por lo urgente y olvidan, a veces, poner el foco y los recursos en algunas cosas importantes, como la gobernanza, que acaban convirtiéndose en urgentes cuando ya hay poco tiempo, muchas veces insuficiente,

---

de información documental hacia el accionista y el accionista tiene derecho de información antes y durante la junta. No se puede limitar la representación en la junta y se sigue un curioso sistema de votación denominado deducción negativa, esto es, se entiende que son todos los votos a favor salvo los que se expresen en contra; asimismo, se puede introducir en los estatutos el voto por lealtad.

El segundo ámbito hace referencia al Código de Buen Gobierno: ahí se recogen todas las recomendaciones que el regulador hace a las sociedades que cotizan en aras de una mayor transparencia y una mejor gobernanza. Afecta sobre todo al consejo, a la composición y a los órganos. Su cumplimiento es voluntario, pero, si no se cumple, hay que explicar por qué (principio de «cumple o explica»), que recoge la filosofía del *soft law* frente al *hard law,* que es la ley. A fecha de hoy, en los informes de Buen Gobierno se recoge un muy alto porcentaje de cumplimiento.

para resolverlas. En varias ocasiones, he ayudado a diseñar el modelo de gobierno corporativo a *start-ups* exitosas cuando estaban ya negociando la entrada de un fondo de inversión para seguir financiando su crecimiento. Si no existe un buen modelo de gobernanza en marcha, cuando un inversor profesional relevante, como un fondo de inversión, toma una posición en la compañía, suele imponer su modelo, aunque no tome una participación de control, como mecanismo de supervisión y control para proteger su inversión. Si la compañía ya tiene un buen modelo de gobernanza funcionando, es mucho más sencillo negociar un modelo «amable» con los actuales gestores y propietarios. En caso contrario, el inversor entrante tiene mucha más fuerza para imponer su propio modelo y consejeros.

¿Por qué existe este libro?

Este libro tiene mucho que ver con mi propósito profesional, que es también, en cierta medida, personal. Una vez escuché a alguien decir que todos somos fruto de nuestras cicatrices, de lo que nos pasa en la vida, y yo no soy una excepción.

El primer motivo para escribir este libro tiene que ver con mi propia historia. Mi padre fue un empresario emprendedor de cierto éxito, de origen humilde, hecho a sí mismo, que procuró que sus hijos tuviésemos una vida acomodada, pero que, a la vez, nos inculcó valores como el esfuerzo y el compromiso, a base de, entre otras cosas, trabajar los veranos de nuestra juventud en la fábrica. También nos procuró la mejor formación en las mejores escuelas y universidades. Supongo que pretendía romper el maleficio asociado al dicho popular que nos repetía con cierta

23

frecuencia: padre jornalero, hijo caballero y nieto pordiosero. Yo soy el menor de muchos hermanos y hermanas. Desarrollé la mayor parte de mi carrera profesional como ejecutivo en compañías ajenas a la familia y sigo haciéndolo como no ejecutivo, sirviendo en los órganos de gobierno de diferentes compañías. Además, soy empresario e impulso mis propios proyectos. Durante un tiempo, a los pocos años de haber empezado a desarrollar una rápida carrera ejecutiva en una multinacional japonesa, regresé a la empresa familiar, en la que, como el resto de mis hermanos y hermanas, había trabajado muchos veranos cuando era adolescente y también posteriormente, mientras estudiaba en la universidad. Lo hice por responsabilidad, atendiendo a la petición de mi padre y de mi familia, y estuve directamente involucrado en la gestión a primer nivel ejecutivo durante unos años. No fue una etapa fácil de mi carrera profesional, tanto por la situación concreta de la empresa en aquellos momentos y el reto empresarial que afrontábamos en plena crisis coyuntural de principios de los años 90, como por las implicaciones derivadas de ser un familiar directo implicado en la gestión (este no es un libro sobre empresa familiar, así que no me extenderé desarrollando tales implicaciones, pero todos los que son miembros de una empresa familiar o están vinculados a su gestión entenderán a qué me refiero). Después de esa etapa profesional intermedia en la que estuve directamente gestionando la compañía familiar, seguí vinculado a esta, pero desde una perspectiva no ejecutiva, participando en el consejo de administración en representación de la familia.

La nuestra es la historia compartida de muchas familias con empresa que acaban vendiendo su negocio. En mi caso, las circunstancias me llevaron a tomar la decisión de acabar vendiendo la empresa familiar. Aunque yo tenía el control político de la compañía, y a pesar del dolor emocional y de que quizá hubiera podido ser una mejor opción esperar unos años (o no haber vendido nunca), acabé tomando esa decisión. Por supuesto, la operación era muy buena desde la perspectiva económica, ya que la compañía tenía una cuenta de resultados y un balance muy saneados y seguía creciendo con fuerza. Había que aprovechar un momento en el que el mercado de operaciones corporativas estaba en pleno auge, pero en el que se vislumbraban, asimismo, signos incipientes de debilidad. Las ventanas de oportunidad no duran para siempre. Como la compañía estaba perfectamente gestionada, y estaba seguro de que cualquier proceso de *due diligence* no detectaría ninguna irregularidad ni riesgo relevante (porque no los había), pudimos ser exigentes con las condiciones de la operación. Pero la auténtica verdad es que, después de 75 años desde la fundación de la compañía, decidí impulsar la decisión de venta para evitar un potencial conflicto entre algunos miembros de mi familia. Nuestros padres se esforzaron en darnos lo mejor que pudieron, en transmitirnos los valores que consideraron importantes y en hacer todo lo que pudieron por su familia de la mejor forma que supieron. Aun así, como pasa en muchas empresas familiares, la nuestra no era una familia empresaria. Teníamos una empresa familiar porque el control de la misma estaba en manos de nuestra familia, pero no fuimos una «familia empresaria» porque no conseguimos una cohesión ni un sentimiento de pertenencia en el que algunos de los valores fundamentales se hubieran construido alrededor de la empresa familiar. El legado que hubiera debido continuar se rompió por no prestar suficiente atención (o por no saber cómo hacerlo) a los aspectos de gobernanza corporativa y familiar, a pesar de las mejores intenciones por parte de todos.

Esta herida que cicatriza lentamente, la de haber terminado con el legado de empresa familiar que heredamos, es la que impulsó mi decisión de enfocar mi actividad profesional en el asesoramiento a los propietarios de compañías que quieren hacer bien las cosas desde la perspectiva de la gobernanza. Me gusta decir que ayudo a los propietarios de empresas a que «no se peguen un tiro en el pie», lo cual ocurre mucho más a menudo de lo que debería, por no prestar atención a la gobernanza corporativa y familiar o, simplemente, por no saber cómo hacerlo o ni si quiera ser conscientes de la necesidad de hacerlo hasta que es demasiado tarde. Por este motivo surgió la idea de escribir este libro, para aprovechar mi experiencia de muchos años como ejecutivo, como miembro de consejos de administración y también como consultor, poner en orden mis ideas y desarrollar un marco conceptual que permita afrontar de una manera práctica y, a la vez, metodológicamente sólida los retos de gobernanza que afrontan los propietarios de compañías, independientemente de su naturaleza (sean empresarios familiares o no).

Al margen de la historia personal, otro de los motivos que me ha llevado a escribir este ensayo es el firme convencimiento de que las empresas, así como cualquier organización en general, tienen impacto en la sociedad y contribuyen a construir un futuro mejor, o peor, dependiendo de cómo se hagan las cosas. Y lo que ocurre en las organizaciones depende en gran medida de lo que piensan y hacen aquellos que se sitúan en la cúspide. Todo empieza por arriba. Este libro tiene la presuntuosa intención de contribuir a mejorar el pensamiento de los líderes de las organizaciones con el objetivo final de que contribuyan a mejorar la sociedad en la que vivimos, empezando por lo que tenemos más cerca. Pero la trascendencia no es el único beneficio, ya que un buen modelo de gobernanza contribuye a la generación de valor, comenzando por la organización en la que se establece.

Uno de los mayores casos de bancarrota de la historia de Estados Unidos (el de Enron), que contribuyó a una de las mayores crisis financieras del planeta y que, de rebote, indujo en gran medida la disolución de una de las mayores auditoras de la época (Arthur Andersen), podría haberse evitado con un buen gobierno corporativo en ambas compañías. La escasa supervisión por parte del consejo de administración, los numerosos conflictos de interés no identificados y la complicidad de la compañía auditora para no evidenciar la verdadera situación económica y patrimonial de la compañía acabaron provocando el colapso de una de las mayores compañías de Estados Unidos, con un alto impacto en términos de pérdida de valor para los accionistas, para los empleados y para la sociedad en su conjunto.

Ojalá este libro contribuya, con su granito de arena, a que las cosas se hagan cada vez mejor. Como decía Mahatma Gandhi, «nosotros tenemos que ser el cambio que queremos ver en el mundo», y el objetivo de este libro es ayudar a cualquiera que tenga interés en hacer bien las cosas.

Se trata de una guía para la reflexión, pero también es una guía práctica para construir un buen modelo de gobernanza que contribuya a tomar buenas decisiones de manera preventiva, sobre todo, pero con un enfoque de generación de valor que va mucho más allá del cumplimiento normativo y protocolario en el que se sitúan muchos consejos de administración. Nadie nos enseña a ser propietarios. Las escuelas de negocios nos instruyen para ser ejecutivos y las consultoras, en general, se dedican a ayudar a optimizar las operaciones. Pero los propietarios tienen una obligación, una responsabilidad para con el resto de *stakeholders*, no solo con los accionistas, sino con los empleados, con la sociedad en su conjunto, con los clientes, etc. Este libro pretende ayudar a aquellos que están en los órganos de gobernanza corporativa, que son quienes responden a las responsabilidades y obligaciones de los propietarios, entre otros, a hacerlo bien. Esos son los propietarios en primera instancia, sin embargo, no solo me centro en ellos, sino también en el resto de administradores y consejeros ejecutivos y no ejecutivos (dominicales e independientes), por ejemplo.

La vocación pedagógica del libro es ayudar a todos aquellos vinculados de alguna forma a la gobernanza corporativa de una organización o una compañía a que desempeñen sus funciones lo mejor posible, a que tengan una guía de actuación para diseñar e implementar y operar adecuadamente los órganos de gobierno de una compañía. Porque, insisto, en muy pocos sitios nos lo enseñan y, en muchos casos, acaba siendo algo que se aprende con el tiempo, por «ósmosis», por «contagio» de aquellos con los que compartimos mesa de consejo y que, por desgracia, no siempre son los mejores profesores. A diferencia de lo que suele ocurrir, yo tengo la suerte de haber participado como consejero independiente en muchos consejos de administración de compañías de diferentes tamaños, geografías e industrias desde muy joven (cuando, por cierto, ni siquiera estaba cualificado para ello). He visto lo mal que se hace, por lo general, en la mayoría de los casos, pero también he sido testigo del momento en que se produce la magia y un órgano de gobierno corporativo genera un incalculable valor de forma continuada en el tiempo. He visto muchas situaciones en las que los propietarios y ejecutivos «sufren» a sus consejos y no saben cómo poner remedio, y otras, por desgracia, ciertamente las menos, en las que el consejo aporta verdadero valor, de forma evidente y a lo largo del tiempo.

Comprender y reflexionar: la clave para aprender e integrar lo que sea relevante en tu caso concreto

Cuando el fundador o el primer ejecutivo de una compañía siente la necesidad de arroparse con un consejo, la tarea parece sencilla. Pongamos que soy el propietario o presidente de un negocio. Basta con pedirle a unos cuantos amigos con cierta experiencia profesional y en los que confío que se reúnan conmigo de vez en cuando.

En el mejor de los casos, corro el riesgo de que esto se convierta en una reunión de amigos. En el peor, el consejo pasa a ser un regalo envenenado que deforma lo que sus miembros piensan y lo transforma en palabras que me reconfortan o son pura adulación. Mala cosa.

He visto en muchas ocasiones crear consejos y escoger a sus miembros con el único o principal criterio de la confianza o la afinidad personal, quizá complementada con algo de prestigio y *currículum vitae*. Crear un espejismo de consejo de esta forma es bastante fácil. Pero desmontarlo cuando no funciona es harina de otro costal. Decirle a un amigo en el que se confía que ya no aporta valor es muy difícil. Y pasa. Pasa muchas veces.

Conseguir que un consejo funcione y aporte valor, más allá del criterio de selección de sus miembros, depende también, como mínimo, de un liderazgo sin fisuras, unos objetivos definidos y una gestión sólida. Así como, de otros factores que iremos viendo a lo largo de este libro.

Desmantelar un consejo o invitar a un consejero a que lo abandone es algo doloroso. Los que hayan tenido que hacerlo alguna vez saben de qué hablo. Y, a veces, tomar esta determinación es tan difícil que propicia otras decisiones que son ineficientes e incluso aparentemente incomprensibles, al menos, desde una perspectiva meramente racional.

Así pues, la mejor opción para evitarlo es construir con cabeza el consejo, desde el principio. Esto incluye hacer una buena elección de los consejeros y asegurarse, antes de que ejerzan su rol, de que cada uno de ellos entienda cuál es su función y asuma que será útil mientras aporte valor. Dicho llanamente: que su silla en el consejo no es su silla, sino la silla de la compañía, y no da derecho a sentarse en ella indefinidamente.

Antes de empezar, algunas aclaraciones menores. O no tan menores

Este libro no pretende cubrir los aspectos legales de los órganos de gobierno. Para eso están los abogados corporativos y especialistas en derecho societario, que aseguran a las compañías el cumplimiento de la legislación vigente y que se apoyan en el marco regulatorio para favorecer sus legítimos intereses.

Sin embargo, gran parte de las reflexiones y los fundamentos que se promulgan están inspirados en la regulación y los principios de buen gobierno para sociedades cotizadas. Estos últimos subyacen a esa regulación específica y son de aplicación general con independencia del tamaño, el tipo de propiedad y la estructura societaria u organizativa de las compañías. Entender cuáles son las directrices para compañías de mayor tamaño es útil para tomar decisiones, unas decisiones que habrá que modelar y ajustar a nuestro propio tamaño y que, en cualquier caso, nos facilitan un camino que no tendremos que desandar si algún día, por lejano que parezca, nos planteamos, por ejemplo, salir a bolsa.

El gobierno corporativo no es una ciencia exacta. El lector al que va dirigido este libro es, en muchos casos, un

30

profesional con un amplio bagaje, con gran experiencia y con criterio propio, que puede discrepar del autor en algunas de sus ideas. Este libro intenta ser un tratado que cubra de una forma genérica la mayor parte de casuísticas, pero siempre habrá que adaptar, en mayor o menor medida, las ideas aquí recogidas a la realidad de cada caso. Y será importante hacerlo con sensatez, realismo y sentido de la posibilidad (de lo que es posible). En particular, es importante ser consciente de que implantar un buen modelo de gobierno corporativo lleva tiempo y esfuerzo, y que no se puede pasar de la nada al 100% sin recorrer todo el camino. No hay atajos, no se puede aprender a correr sin haber aprendido a caminar primero.

Así que, si este libro consigue despertar el interés por implantar un buen modelo de gobierno, lo mejor es hacerlo de forma gradual, diseñando un plan a medida de nuestras necesidades y posibilidades, pero definiendo claramente los hitos que se pretende alcanzar en el tiempo, fijando objetivos concretos y asignando los recursos (tiempo, dinero, talento y esfuerzo) que necesitaremos para conseguirlo.

En algunos momentos del libro, sugiero la posibilidad de apoyarse en consultores externos para ayudar a resolver algunos de los retos vinculados al buen gobierno (como pueden ser ciertas reflexiones estratégicas o aspectos relacionados con el diseño o la implantación de un buen modelo de gobierno corporativo, especialmente, en las empresas familiares). No pretendo hacer una apología generalizada de la consultoría. Como siempre ocurre cuando las barreras de entrada son mínimas, el intrusismo profesional prolifera y acaba desprestigiando la profesión. Tampoco ayuda la consabida motivación para contratar a consultoras de renombre en proyectos de consultoría de alto precio y bajo valor con el único objetivo de cubrirse las espaldas. Sin embargo, no puedo evitar salir en defensa del buen profesional que, en vez de «vender humo», nos aporta «aire fresco» y profesionalidad. Somos muchos los que, en nuestra vida de ejecutivos, sufrimos algunos procesos de consultoría que mejor nos hubiéramos ahorrado. Pero también somos muchos los que, por diferentes motivos, hemos disfrutado de los beneficios de excelentes procesos de consultoría que han sido de gran valor y utilidad. Conozco a verdaderos detractores de la consultoría a los que nunca convenceré de que hay situaciones en las que un proceso de consultoría bien definido y ejecutado es de gran valor. Sus cicatrices les hacen ver un látigo asociado indisolublemente a la palabra consultor. Gato escaldado del agua fría huye. Y también conozco verdaderos *yonquis* de la consultoría que casi no pueden dar un paso sin contrastar sus pensamientos con consultores.

Pues ni tanto ni tan poco. Yo soy de la opinión de que las compañías deberían ser capaces de tomar sus propias decisiones y ejecutar sus procesos clave sin ayuda externa, pero hay determinadas cosas y ciertas situaciones para las que un consultor externo puede ser de gran utilidad. Quizá se trate de un tema para el que necesitamos un *expertise* puntual que no tenemos internamente y que no necesitamos integrar de forma permanente. O quizá necesitemos dar un ritmo y un impulso a algo que es difícil de conseguir sin hacer perder el foco a los equipos de gestión, que, ya de por sí, tienen un día a día complicado. Sea cual sea el motivo, a veces puede ser una buena idea. Y, efectivamente, puede dejarnos una profunda cicatriz o una sonrisa indeleble, dependiendo del caso.

Por último, aunque el libro está estructurado en base a un orden de lectura que sigue cierto itinerario de «progresión acumulativa», también está pensado para que se pueda consultar con la lectura puntual e independizada de cada capítulo, especialmente, después de haberlo leído completo una primera vez.

Espero que disfrutes de la lectura y que esta sea útil para mejorar en las prácticas de buen gobierno corporativo de los órganos en los que estés implicado o que quieras constituir y liderar.

Por supuesto, estaré encantado de recibir cualquier tipo de consulta, *feedback* y sugerencias, que puedes dirigir a feed-back@todoempiezaporarriba.com.

CAPÍTULO 1.
LOS TRES *STAKEHOLDERS* DE GOBERNANZA Y LA PERSPECTIVA DE LA PROPIEDAD

«Confundimos la propiedad con la administración».
Erasmo de Róterdam

Hace unos pocos años, di mi primera sesión sobre gobernanza en un programa de la Harvard Law School. El auditorio estaba conformado por un grupo relativamente numeroso de exitosas y exigentes abogadas del colectivo Women in a Legal World (WLW) que estaban cursando un programa de perfeccionamiento. Estoy seguro de que muchas de ellas se preguntaban a qué venía una sesión sobre gobernanza corporativa. Y también estoy convencido de que salieron habiéndolo comprendido (de hecho, al año siguiente me ofrecieron ampliar el tiempo que habíamos dedicado a la materia). Y algunas de ellas que contactaron posteriormente de forma privada para profundizar en ciertas ideas de la sesión. Muchas asistentes tenían relación con el mundo de la empresa desde diferentes ángulos, pero imagino que la mayoría no contaba con experiencia de gestión corporativa. Necesitaba introducir mi conferencia haciéndolas reflexionar sobre la complejidad de los diferentes grupos de interés que conforman la gobernanza de las organizaciones y, para hacerlo, me apoyé en el modelo de los tres círculos de John Davis (reputado autor y académico, profesor de la Harvard Business School durante más de 20 años, a quien tuve la suerte y el honor de disfrutar como alumno en el Institute for Management Development [IMD] de Lausana en los años 90) que adapté a mis necesidades. Es esencial entender el marco en el que se desarrollará la vida de los órganos de gobierno de cualquier organización y, por este motivo, voy a usar ese mismo modelo ahora también para referirme a los tres diferentes *stakeholders* que son los más relevantes desde la perspectiva de la gobernanza, así como para ayudar a comprender la complejidad de las interacciones que se dan entre ellos.

La gobernanza ejecutiva

El primer ámbito de la gobernanza al que la mayoría de las compañías prestan atención es la gobernanza ejecutiva. Es la que está en manos del consejero delegado o el director general (el primer ejecutivo de las organizaciones, cuando hay presidente ejecutivo) y del resto de directivos y ejecutivos, es la que pone el foco en el día a día de la organización. Aunque estos directivos lleven muchos años en la empresa, su atención está centrada en el corto plazo, en conseguir los resultados del presupuesto anual que suele detallar metas desglosadas en períodos aún más cortos (con hitos medibles trimestral o mensualmente). Los ciclos fiscales, contables y financieros son anuales. Asimismo, los sistemas de incentivos asociados a los directivos también suelen inducir una mirada de corto plazo, habitualmente anual, aunque a veces puedan ir algo más allá del presupuesto y poner atención al plan de negocio a tres o cinco años (aunque es cada vez más difícil ver planes a cinco años desde la perspectiva ejecutiva).

La presión de los mercados, la evolución tecnológica acelerada, la inmediatez que nos exigen los clientes, la coyuntura económica y un entorno cada vez más volátil, convulso e impredecible, o las reacciones de nuestros competidores, también presionan en pro del cortoplacismo.

En cualquier caso, es como debe ser. Los ejecutivos deben centrar su aportación de valor en la ejecución, en el día a día. No hay futuro sin presente, y los ejecutivos se ocupan del presente y el futuro a corto plazo (partido a partido, como diría Simeone). No digo que no haya ejecutivos que presten atención al largo plazo, ni que no haya ejecutivos que lleven y llevarán muchos años en una misma compañía, pero cuando un ejecutivo piensa a largo plazo, es como si ocupara un espacio que no le corresponde (quizá, porque quien tiene que hacerlo no lo hace).

Esta parte de la gobernanza, la ejecutiva, es la que nos enseñan, fundamentalmente, en las escuelas de negocio cuando estudiamos para dirigir empresas. También es la parte de la gestión en la que se centran la mayoría de las consultoras, que ayudan a los ejecutivos en su labor de gestionar las compañías en su día a día.

Sin gobernanza ejecutiva, sin poner cierto foco en la gestión, y hacerlo, además, bastante bien, las compañías dejan de existir; las mata el entorno competitivo que imponen los mercados, por lo que la mayoría de las compañías (al menos, las que siguen vivas) le prestan atención.

La gobernanza corporativa

Por diferentes motivos, a los que me referiré durante este apartado, la gobernanza corporativa, a diferencia de la ejecutiva, suele ser la gran olvidada.

En general, todos tendemos a proyectar en los demás nuestra forma de pensar. Muchos malentendidos se producen porque no nos damos cuenta de que los demás no necesariamente piensan como nosotros y damos por sentadas algunas cosas que no siempre son ciertas. He conocido a muchos empresarios y propietarios a los que les cuesta entender que los demás no perciban la compañía como propia y actúen en consecuencia. Sin embargo, no todo el mundo sabe ser empresario ni quiere serlo. Quizá lo que voy a escribir a continuación no tenga buena acogida en todo el mundo, pero la mayoría de los ejecutivos «entienden» las compañías en las que trabajan como instrumentos para el desarrollo de su propia carrera profesional. No digo que solo piensen en su carrera y que no aporten valor alguno... Por supuesto que, cuando los valores, objetivos e intereses de la empresa y los ejecutivos están alineados, estos últimos son capaces de aportar valor a la compañía y a sí mismos durante su andadura conjunta en un binomio simbiótico. Pero la estadística no miente, y la mayoría de los ejecutivos están de paso. Desarrollan parte de su carrera en nuestra empresa y luego, por múltiples y diversos motivos (a veces por iniciativa propia y otras no), abandonan la compañía para seguir desarrollando su carrera en otra organización. Es ley de vida, y es como debe ser, para lo bueno, que también lo hay, y para lo malo. Aunque la compañía sigue ahí y necesita una guía con la vista puesta en el largo plazo. Las compañías deben sobrevivir a sus ejecutivos y no dar bandazos innecesarios cada vez que hay cambios en la cabina del piloto.

Este libro se centra en la gobernanza corporativa y en cómo generar valor a largo plazo y de forma sostenible. ¿Cómo? Mediante la reflexión sobre el diseño e implantación de un buen modelo de gobernanza que ponga el foco en aquellos aspectos que son de especial relevancia para los propietarios y que no son atendidos por los demás ámbitos de la gobernanza, como puede ser el ejecutivo.

Si a pesar de que nuestra compañía brilla en el corto plazo, acaba por no funcionar, los ejecutivos pueden «saltar» a otra organización, pero los propietarios se quedan sin empresa. Alguien pensará que se la pueden vender, pero es extremadamente difícil vender a nadie inteligente una empresa que no funciona. Al menos, a un precio que no sea de derribo.

Los propietarios de una compañía tenemos el interés y la responsabilidad de pensar en aquellos ámbitos de la gestión corporativa que optimicen las oportunidades de crecer de forma sana y perdurable. Si nosotros no lo hacemos, nadie más lo hará. En el quinto capítulo («Los objetivos: ¿para qué queremos un órgano de gobierno?»), analizaremos con detenimiento cuáles son estos ámbitos de la gobernanza en los que un buen modelo de gobierno corporativo nos ayuda a gestionar.

En la mayoría de las compañías de una cierta dimensión, suele haber un consejo de administración en el que participan, normalmente, representantes de la gestión ejecutiva (al menos, el primer ejecutivo, CEO, consejero delegado o director general) y de la propiedad (bien se trate de accionistas directos o consejeros dominicales).

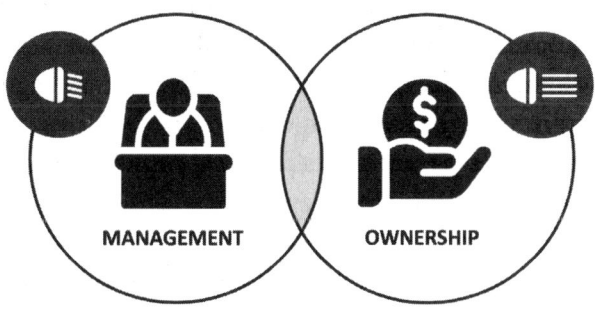

39

El consejo de administración, cuando no es un mero formalismo que se ocupa de aspectos puramente protocolarios, es el órgano de gobierno donde se solapan ambos *stakeholders* de gobernanza (la ejecutiva y la corporativa) y donde se debería, como mínimo, alinear los intereses y las visiones de ambos grupos, con especial atención a los de la propiedad. De otra forma, estos serán atendidos de forma deficiente.

La gobernanza familiar

Las familias también se gobiernan. Y a pesar de que este no es un libro de empresa familiar, la familia de una empresa familiar tiene un alto impacto en la complejidad de la gobernanza que merece la pena revisar, aunque sea someramente. Cuando añadimos este tercer *stakeholder* de gobernanza, la familia, las cosas se complican sobremanera.

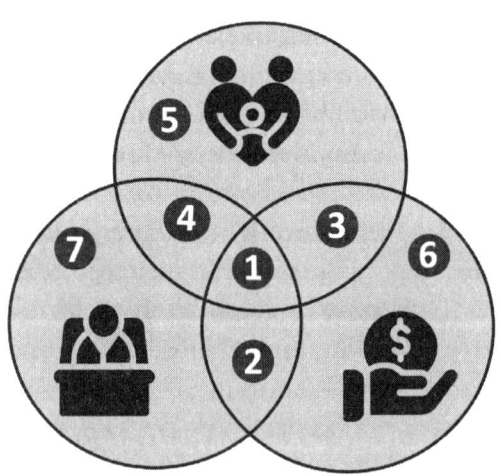

Donde antes teníamos dos grupos de interés (gestores y propietarios) y un «área de solape», ahora nos encontramos con tres grupos de interés primarios, que son familia, propiedad y gestores (5, 6 y 7 en la figura), y cuatro «áreas de solape» (1,2 3 y 4 en la figura), que conforman distintos grupos de interés relativamente homogéneos entre sí, pero con diferentes visiones e intereses respecto a los demás. Además de los ejecutivos y propietarios, ahora hay que tener en cuenta a los familiares, que existen, aunque a veces se intente ignorarlos, y tienen un alto impacto en muchos sentidos. Es el caso, por ejemplo, de los familiares implicados en la gestión, tengan o no participación accionarial. O de aquellos familiares que aún no están implicados en la gestión ni tienen participación pero que, quizá, lo acaben estando o la acaben teniendo. O de los cuñados, que duermen cada día con sus parejas y tienen una alta capacidad de influir. Insisto, las familias también se gobiernan. ¿Es mejor actuar proactivamente para gestionar el impacto y la influencia de la familia sobre los negocios o conviene no hacer nada y que pase lo que Dios quiera? Me temo que la pregunta no requiere respuesta, aunque son muchas las familias que no se gobiernan, quizá por falta de conocimiento, quizá por inconsciencia o, quizá, por retrasar algo que nunca parece urgente o para lo que no es el momento. Sin embargo, cuando acaba por ser urgente suele ser demasiado tarde para afrontarlo con éxito.

Las estadísticas de continuidad de la empresa familiar como tal son diversas, pero todas apuntan en la dirección de una alta tasa de mortalidad. Quizá no dejen de existir como compañías, pero sí como compañías familiares a largo plazo. Son muy pocas las compañías familiares que sobreviven a la tercera generación y se cuentan con pocas manos las que llegan a generaciones posteriores. Algunas de las que no llegan (demasiadas, por pocas que sean) mueren en guerras fratricidas mientras se desatiende la gestión y los competidores les pasan por encima como un rodillo. Otras se venden a terceros y dejan de ser familiares o se integran en una empresa familiar distinta que hizo mejor los deberes. Otras, tal vez, se reconcentren con operaciones de compraventa de acciones entre familiares, regresando a un estadio previo de generaciones anteriores donde eran menos los que tenían que ponerse de acuerdo.

Todas las compañías familiares empiezan con un emprendedor que es a la vez gestor, propietario (muchas veces único) y patriarca o matriarca de su familia. En ese estadio inicial, las áreas de superposición entre los tres *stakeholders* están muy solapadas.

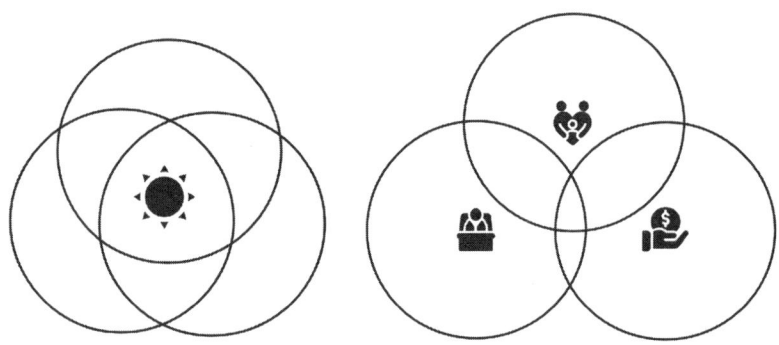

Evolución de los *stakeholders* de gobernanza en la empresa familiar.

Es lo que algunos llaman un «sistema solar», donde todo gira alrededor de una sola persona que no tiene que ponerse de acuerdo con nadie más. A medida que la familia crece y llegan las siguientes generaciones, los diferentes círculos también aumentan su tamaño y las áreas de solape se hacen proporcionalmente menores. En las siguientes generaciones, los diferentes grupos de interés, con visiones propias y diferenciales, empiezan a consolidarse y a crecer, generando tensiones y una necesidad de gobernanza más compleja que antes no era necesaria. A eso hay que sumar la carga emocional inherente a la naturaleza de los lazos familiares, que suelen complicar las cosas.

En mi opinión, es la primera generación la que debería empezar a enfocar los asuntos propios de la gobernanza familiar para reducir el riesgo de futuros problemas. En mi experiencia, son raros los casos en que esta primera generación afronta el potencial problema, seguramente, porque no es consciente de la potencialidad de conflicto asociada a las siguientes generaciones. ¿Cómo va a ser un problema dejar a mis hijos un negocio que funciona y que ha sido el sustento de la familia? Sin embargo, la realidad es tozuda y nos enseña que, más frecuentemente de lo que nos gusta admitir, los problemas acaban surgiendo.

La segunda generación, antes de afrontar la transición a la tercera, suele tener la última oportunidad para emprender un proceso de reflexión y tomar las medidas preventivas que eviten problemas futuros. Son muchas las ocasiones en las que me han pedido ayuda cuando era ya demasiado tarde y solo quedaba mediar en una separación donde el conflicto abierto hacía muy difícil conversar y llegar a acuerdos. Me gusta decir que cuando hay fuego en la cocina, es tarde para salvar el cocido. Y cuando hay humo, es que hay fuego, o lo habrá pronto. Además, los asuntos de gobernanza familiar hay que afrontarlos con tiempo. Como dice el reputado *coach* y autor Luis Carchak, lo esencial es «ponerse de acuerdo en cómo nos pondremos de acuerdo cuando no estemos de acuerdo». Cuando hay un conflicto sobre la mesa, es mucho más difícil gestionarlo y definir las reglas para resolverlo que cuando hay paz y tranquilidad. Por cierto, una de las cosas que más ayuda a que haya paz y tranquilidad en el seno de una empresa familiar es que las cosas también vayan bien en la empresa y haya un buen modelo de gobernanza corporativa implantado y funcionando. Por eso me gusta aconsejar que, si no hay previsión de fuego a corto plazo en la arena familiar, lo mejor es empezar por poner los mimbres de una buena gobernanza en el ámbito corporativo. Eso hace las cosas más fáciles después en el ámbito de la gobernanza familiar.

Cuando digo que las familias también se gobiernan, me gusta plantearlo en base a la diferencia entre lo que entiendo por una «empresa familiar» y por una «familia empresaria».

Por simplificar, una empresa familiar es aquella en la que una o más familias tienen el control político para tomar decisiones como propietarias, estén o no implicadas en la gestión ejecutiva de la misma. Con cierta frecuencia, en este tipo de compañías se enfrentan algunos retos de gobernanza a través del desarrollo de un protocolo familiar que, de forma consciente o inconsciente, intenta «proteger a la empresa de la familia» como mecanismo indirecto de protección de la propia familia, «para que no se hagan daño». En el mejor de los casos, son protocolos que incorporan reflexión y acuerdos en aspectos como la regulación de la entrada de familiares en la gestión (para excluir a los menos válidos e incentivar la preparación de los candidatos para evitar preventivamente conflictos en situaciones que afectarán a personas concretas y para procurar que la familia aporte valor desde la gestión y no «aproveche» su condición de familiar) o como la generación de mecanismos de liquidez para propiciar la salida de aquellos familiares que no quieran seguir siendo accionistas, evitando así tener «rehenes» que ninguna de las partes quiere. En el peor de los casos, son protocolos «estándar» que no responden al necesario debate entre los implicados y que el abogado de turno, sin experiencia a veces en asuntos de gobernanza familiar, aplica como algo que pudiera valer en cualquier situación y para cualquier familia. En todo caso, la idea es regular ciertas situaciones para intentar que la familia no se «pegue un tiro en el pie» poniendo en riesgo la fuente de su sustento. Una fuente de sustento que, por cierto, para crecer al mismo ritmo de crecimiento medio de las familias y mantener por sí sola el nivel de vida de la primera generación en generaciones posteriores debe crecer de forma considerable, algo así como un 17% de crecimiento anual compuesto, según algunos cálculos bienintencionados.

Una familia empresaria, en cambio, es diferente. Una familia empresaria se edifica como consecuencia de una decisión proactiva de construir una familia alrededor de la compañía, compartiendo unos valores que constituyen en gran medida el «pegamento» de la familia, y que se toma como resultado de la convicción de que el modelo de vida derivado de ser empresario es el mejor posible. Es un camino bonito pero difícil que, si llega a buen puerto, entrega réditos muy positivos para ambos, la empresa y la familia, mucho más allá de los de la empresa familiar al uso. No hay mejor directivo para una empresa que el familiar con actitud y aptitud que ha aprendido a entender y a querer (lo segundo es imposible sin lo primero) a la empresa que conoce desde niño y que se ha formado durante años para ello, con visión de largo plazo y valores como la implicación, la lealtad y la responsabilidad, por mencionar solo algunos. No obstante, las cosas no pasan solas, y los sentimientos no crecen en los árboles. Para conseguir lo anterior, hay que hacer unas cuantas cosas bien hechas y desde bien temprano. Algunos empresarios familiares se quejan de que, cuando sus hijos se hacen mayores, no quieren perpetuar el legado de la empresa familiar... Se han hecho médicos, arquitectos o artistas. Pero, quizá, cuando era el momento de inculcar ciertas creencias a los hijos, se optó por dejarles «libertad» para elegir su propio camino, para que fueran felices y no se vieran condicionados por la losa del legado familiar. Es verdad que la vida del empresario familiar está llena de sacrificio, pero también es verdad que nuestros hijos, cuando son pequeños (y no tan pequeños), necesitan la guía de sus padres. Sé que lo que voy a decir puede cuestionarse, pero pienso que, si uno está convencido de que el mejor modelo de vida que pueden tener sus hijos es el de empresario familiar, es nuestra responsabilidad inculcar en ellos la estima hacia ese modelo de vida porque, de otra forma, esperar a que pase por sí solo es como jugar a la lotería.

CAPÍTULO 2.
¿POR QUÉ NO FUNCIONAN LOS ÓRGANOS DE GOBIERNO?

«Implantaré el método Berlusconi:
el presidente decidirá la alineación».

Jesús Gil y Gil

Lo que se explica a continuación habría podido formar parte de la introducción, pero he querido resaltar su contenido en un capítulo a modo de provocación. Una provocación bienintencionada que sienta las bases de lo que este libro pretende y para lo que ha sido escrito: entender por qué en muchas ocasiones ahí arriba, en los consejos, las cosas no funcionan.

Las cosas son siempre más sencillas de lo que parecen. Y si no digo nada más, seguramente darás la frase por buena. Pero es falsa. Tendemos a simplificar para explicarlas y, ya de paso, para quedarnos tranquilos. Por desgracia, tal y como explicaba en la introducción, las personas tendemos a simplificar y responsabilizar los resultados a un solo factor. Y, sin embargo, la realidad suele ser más compleja y el origen de lo que la explica es multivariable. Eso es lo que vamos a intentar desgranar en este capítulo: cuáles son los factores que pueden incidir negativamente en el funcionamiento de los órganos de gobierno y que deben ser considerados de forma sistémica para diseñar un modelo integrado que sea eficaz y eficiente.

Una vez que hayamos analizado cuáles son los factores que hacen que los resultados no sean los deseados, dedicaremos el resto del libro a ver en profundidad cómo hacerlo bien.

Vamos, pues, con la pregunta que da título al capítulo: ¿por qué no funcionan los órganos de gobierno? Una pregunta sencilla y, a la vez, provocadora: ¿por qué no suelen funcionar? De hecho, aunque la pregunta es sencilla, la respuesta no lo es.

Quizá muchos de los lectores de este libro estén directamente vinculados a un órgano de gobierno que reconocerán en muchas de las afirmaciones de este capítulo. Pero, si no eres uno de ellos y nunca has formado parte de un consejo, algo que puedo decirte es que, después de 25 años formando parte de numerosos consejos, aún no he participado en ninguno que funcione perfectamente. La mayoría está lejos de funcionar conforme a muchas de las buenas prácticas de un gobierno corporativo y, en el mejor de los casos, optimizar el funcionamiento de un consejo es un trabajo de ajuste fino que no tiene fin.

Como explicaba en la introducción, un equipo de música suena tan bien como el peor de sus componentes. Da igual que tengas un amplificador de primera y un reproductor excepcional: si los altavoces no están a la altura, el equipo no sonará como nos gustaría.

En el ejemplo podemos cambiar los altavoces por cualquier otro componente y obtendremos el mismo resultado. En los consejos ocurre algo parecido. Hay unas cuantas cosas que deben hacerse bien, todas a la vez, para que el resultado sea armónico y de calidad. Son diversos los componentes que, por separado o de forma combinada, pueden fallar y hacer que el resultado sea desastroso. Y para complicarlo aún más, se trata de un sistema cuyos componentes están interrelacionados y en el que, cuando incidimos sobre uno de ellos, se suele afectar de forma automática el funcionamiento de otros o del conjunto al completo.

Los consejos no funcionan bien cuando uno o más de sus componentes operan deficientemente y distorsionan el «sonido» del conjunto.

Veamos primero cuáles son estos componentes. Nos ocuparemos más adelante, en los siguientes capítulos, de cómo hacer para que todos los instrumentos estén bien afinados y funcionen con armonía, como en una orquesta bien compuesta y dirigida.

Lo primero es tener claro *para qué* queremos nuestros órganos de gobierno, la finalidad que concretamos, dando peso a diversos factores, con el objetivo final de generar valor a largo plazo. Y también *qué* deben hacer, es decir, cuáles son las funciones que deben desempeñar para cumplir con su cometido.

Algunos otros «componentes» tienen que ver con la *organización* en un sentido amplio:

- La *estructura* de los diferentes órganos de gobierno y su organización interna en términos de posiciones, roles y estructura interna.
- Las *funciones* del órgano de gobierno, esto es, qué se hace.
- El *método:* cómo y en qué orden se hacen las cosas.

El resto de «componentes» tienen que ver con las *personas:*

- Por un lado, cómo se definirá el equipo que integrará los órganos de gobierno, tanto desde una perspectiva de conformación del grupo como de las características de cada miembro que deben determinar los criterios de selección.

– Y, por último, pero también muy importante, hablaremos sobre la dirección de la orquesta, el *liderazgo* que debe impulsar con exigencia y armonizar el conjunto de componentes.

Que las cosas que se hacen sean las correctas y necesarias (el «por qué» o el «para qué» y el «qué») tiene mucho que ver con la eficacia, con conseguir los objetivos. El «cómo» se hacen estas cosas impacta directamente en la eficiencia, en el uso de recursos como el tiempo, el dinero o el talento. Si se tratara de una reacción química, podríamos considerar a las personas (sus perfiles, conocimientos, habilidades, actitud y ética) como los «agentes químicos», los que protagonizan el proceso. El liderazgo sería el principal catalizador, cuya función es optimizar la eficiencia y acelerar la obtención del resultado.

Los recursos se comportan, al menos parcialmente, como vasos comunicantes. Por ejemplo, añadir más dinero en forma de talento o herramientas puede reducir el tiempo necesario para alcanzar los objetivos, al menos, hasta un cierto punto. Dicho de otra forma, con menos recursos en términos de talento o herramientas, tardaremos más tiempo en alcanzar los objetivos. Y sin los recursos mínimos necesarios no se obtendrá resultado alguno.

Vayamos por partes y hagamos un primer análisis del método (el qué y el cómo), de las personas (los protagonistas del proceso) y del liderazgo (el catalizador).

El método
· ·

El método o, simplificando, el proceso es esencial para casi todo en la vida, aunque en muchas ocasiones lo apliquemos de forma inconsciente e intuitiva, sin que nadie nos lo haya enseñado. A veces, el método se aprende «sin querer», por ósmosis o por mimetismo. En otras ocasiones, sin embargo, se requiere esfuerzo, entender un marco conceptual, comprender y aplicar adecuadamente la secuencia de reflexiones y acciones necesarias para acometer el proceso con eficacia y obtener los resultados esperados.

Los consejos también precisan un buen método para su funcionamiento y, por desgracia, este método que contribuye a la eficiencia no es, en gran parte, evidente ni intuitivo. Tampoco suele enseñarse en las escuelas de negocio, salvo en algún posgrado específico, y los aprendizajes miméticos tienen por costumbre trasladar tanto las cosas buenas como las malas, por lo que dependen, en buena medida, del modelo referente del que se aprende. Como todos sabemos, hay buenos y malos profesores.

En muchos casos, a los consejos se llega por haber tenido un buen desempeño en una larga carrera ejecutiva. Sin embargo, la manera de hacer las cosas (el método) en un consejo es, o debería ser, diferente a cómo se hacen en los ámbitos operativos y más ejecutivos de las compañías. En este sentido, parte del problema es que muchas personas llegan a los consejos sin que nadie les haya enseñado a transitar hacia un rol no ejecutivo, a ser consejeros, y sin haber aprendido que las cosas son distintas «ahí arriba».

Para que los consejos tengan una buena rendición, también debemos considerar todos los aspectos fundamentales del método: cómo deben organizarse y estructurarse los órganos de gobierno, con qué periodicidad y secuencialidad deben ocurrir las reuniones y cuáles deben ser sus contenidos, quién debe formar parte y cuáles han de ser su rol y su perfil, y cuándo y qué información debe llegar a los consejeros para preparar las sesiones de trabajo.

El método también ayuda a lidiar con la complejidad. En muchas organizaciones, sobre todo, cuando se trata de grupos empresariales diversificados, son demasiados los frentes que deben tratarse en el primer nivel organizativo. La forma en que se organizan y estructuran los diferentes órganos de gobierno y sus contenidos es también esencial para no perderse en la maraña de infinidad de asuntos a considerar y sobre los que tomar decisiones.

Por último, vinculado al método, está el sistema de información de gestión (o, como mínimo, de la información que se facilita y cómo se presenta), esencial para que los consejeros preparen las reuniones y se produzcan debates de calidad. Este sistema de información, que no es necesariamente el mismo que se precisa para operar la organización en el día a día, tiene como principal objetivo asegurar que los consejeros reciban a tiempo la información realmente importante.

Si existe una fractura entre lo que verdaderamente pasa en los negocios y lo que se discute en los consejos, la capacidad de aportar valor queda seriamente comprometida y las sesiones de consejos solo sirven para perder el tiempo o, peor aún, para tomar malas decisiones e inducir actuaciones contrarias al interés de la compañía y sus *stakeholders*.

Todo lo anterior suena evidente, pero, por desgracia, en muchas ocasiones nada de esto está claro. Ni siquiera los objetivos. La «prueba del algodón» suele ser muy sencilla y capaz de sacar los colores a consejos de compañías de cualquier tamaño. Basta con preguntar por separado y confrontar las respuestas.

Sin método, la ineficiencia, el desorden, la pérdida de foco y tiempo y el sentimiento de frustración son las consecuencias más evidentes y se convierten en el pan de cada día de muchos consejos.

Las personas

¿Qué hay más difícil que las matemáticas? Seguramente pocas cosas, pero, con total certeza, las personas son una de ellas. Llamamos ciencias exactas a las matemáticas, que es exactamente lo que las personas no somos en ningún caso.

Que me perdonen los matemáticos e ingenieros, pero, por simplificar, dos más dos siempre suman cuatro. Por muy compleja que sea la ecuación, al final, el resultado es casi siempre exacto (conceptos cuánticos aparte). Con las personas, la cosa está siempre llena de matices: inexplicables reacciones emocionales, extrañas relaciones sistémicas de variables desconocidas y un sinfín de complejidades que permiten a psicólogos y sociólogos ganarse la vida.

Tengo un amigo experto en gestión del talento que siempre dice que, «en recursos humanos, solo hay una verdad incuestionable y exacta: tres síes equivalen a un no». Es decir, cuando le preguntas a alguien si ha entendido algo que le acabas de explicar y te contesta a ritmo ligero «sí, sí, sí», más vale que le pidas que te lo explique de vuelta para comprobar si realmente lo ha entendido, porque lo más probable ¡es que no haya entendido nada! Y, seguramente, ahí se acaba toda similitud entre las personas y las ciencias exactas: 3 x sí = no, casi siempre.

A lo largo del libro, analizaremos los grandes aspectos que deberíamos tener en cuenta para escoger adecuadamente a nuestros consejeros: el conocimiento, las habilidades (competencias), la actitud y la ética, así como otros aspectos relacionados con la diversidad relevante, la inclusión, los roles a desempeñar y el valor de los perfiles holísticos y generalistas.

Algunos de estos factores, como la ética, la actitud y determinadas competencias, son imprescindibles en todos y cada uno de los consejeros para que el consejo funcione como un equipo de alta rendición, cohesionado y en pro de objetivos comunes, que deben prevalecer sobre los individuales. Otros factores, como el ámbito de conocimiento, la experiencia y ciertas competencias, pueden ser (de hecho, es lo recomendable) diferentes y complementarias entre los miembros del consejo.

Hay, además, otras consideraciones asociadas a las personas que merecen ser tenidas en cuenta. A todos nos marcan nuestras vivencias. Somos fruto de nuestras experiencias y aprendizajes y tendemos a extrapolar y proyectar esto de forma inconsciente en todo lo que analizamos y decidimos. Sin embargo, lo que a nosotros nos ha funcionado en algunas ocasiones no tiene por qué funcionar necesariamente a los demás, ni en circunstancias parecidas o supuestamente comparables ni en todas las situaciones. Es conveniente recordarlo cuando se está en situación de dar consejo y, también, de pedirlo.

Hace algún tiempo leí un interesante artículo titulado *«Unconscious determinants of free decisions in the human brain»* (que podría traducirse como «Determinantes inconscientes de decisiones tomadas libremente en el cerebro humano») y publicado en junio de 2008 en la prestigiosa revista científica *Nature Neuroscience*. El artículo explica cómo, haciendo uso de sistemas de resonancia magnética funcional (RMf), se pudo demostrar que el resultado de una decisión se puede codificar en la actividad cerebral de la corteza prefrontal y parietal hasta diez segundos antes de que entre en la conciencia. Su tesis defiende que este retraso refleja el funcionamiento de una red de áreas de control de alto nivel que comienzan a preparar una decisión mucho antes de que se sea consciente de ello. En cierta medida, esto equivale a considerar que, con frecuencia, racionalizamos las decisiones una vez que somos conscientes de ellas, después de que otras áreas de nuestro cerebro hayan dirigido previamente el proceso de decisión inconsciente, mucho más emocional.

En otras palabras, somos más emocionales de lo que creemos: al contrario de lo que solemos pensar, tomamos muchas decisiones emocionalmente y es después cuando las racionalizamos para argumentarlas con lógica y defenderlas. Saberlo nos ayuda a estar alerta, a tomar distancia y a evitar algunos de esos sesgos que afectan al modo en que tomamos decisiones y, sobre todo, a cómo las defendemos en pro de un debate positivo en el que el objetivo no es ganar la discusión sino encontrar la mejor solución.

Para quién tenga interés en profundizar en este tema, se publicó en diciembre de 2017 un nuevo estudio titulado «Bases neuronales de la toma de decisiones e implicaciones de las emociones en el proceso», cuyos autores (Luis Felipe Sarmiento-Rivera y Jorge Alexander Ríos-Flórez) hacen una revisión de las investigaciones de la última década en el campo de la neurociencia relacionadas con la actividad neurobiológica y funcional de la toma de decisiones. En dicho artículo, se ha podido establecer el rol de las emociones como influencia determinante en el proceso de toma de decisiones en las personas.

Existe una gran cantidad de sesgos cognitivos que influyen en la forma en que tomamos decisiones y damos consejos. Más enfocado en los sesgos concretos que suelen afectar a los líderes empresariales es el resultado de la investigación llevada a cabo por Jennifer Garvey Berger y resumida en su libro, publicado por la Stanford University, *Unlocking Leadership Mindtraps: How to Thrive in Complexity*, (en español, *Desbloqueando las trampas mentales del liderazgo: cómo prosperar en la complejidad*). En este libro, la autora reflexiona sobre las cinco «trampas mentales» que a menudo pueden inducir malas decisiones y que enumera de la siguiente forma:

- El deseo de un relato simple te ciega para ver la realidad.
- Solo porque «sientas» que algo está bien no significa que «sea» lo correcto.
- Anhelar el consenso roba buenas ideas.
- Tratar de tomar el control te quita influencia.
- Encadenado a quien eres ahora no puedes alcanzar quien podrías llegar a ser.

Solo leer cómo se enuncian da qué pensar.

Parafraseando a Fernando Botella en una entrevista, «los filtros son la clave que hay detrás de lo que llamamos en psicología los sesgos cognitivos. Estos sesgos son esas barreras mentales que impiden que los seres humanos seamos mejores y ofrezcamos nuestra mejor versión. Son las suposiciones sin fundamento, las generalizaciones, las exageraciones o esa mente preventiva [...] que nos lleva a imaginar un futuro negativo».

El liderazgo

He dejado expresamente para el final del capítulo uno de los factores más relevantes de éxito o fracaso: el liderazgo.

Podría haber integrado este punto en los factores vinculados a las personas, pero prefiero hacer una mención especial porque afecta particularmente a una de las personas más relevantes que componen el consejo: el presidente (o *chairman* en el mundo anglosajón).

El liderazgo recae, o debería recaer, en el presidente del consejo. Nadie es perfecto ni completamente completo (si se me permite la redundancia), ni siquiera el presidente. Pero, para que los consejos funcionen, es fundamental que quien los lidera sea consciente de todos los factores que condicionan su rendición, incluida su propia función de liderazgo, y que, además, tenga la inteligencia y la humildad suficientes para dejarse apoyar en aquellos ámbitos donde lo necesite.

Los consejos necesitan autogobernarse porque no tienen un «jefe externo» que les haga un seguimiento cercano. Reportan a la junta general de accionistas, que no suele reunirse más de una o dos veces al año. Por este motivo, el presidente debe liderar también la función de autogobierno del consejo.

Esta función de autogobierno incluye marcar los objetivos, los tempos y el ritmo, el contenido de las reuniones, su calendario, etc. En definitiva, aplicar el método. También implica gestionar las interrelaciones entre los miembros del consejo y cada uno de los consejeros de forma individualizada cuando es necesario. Es decir, la gestión de las personas. Además, todo ello debe hacerlo con la actitud que se desprende de la verdadera convicción, con dedicación y exigencia.

El presidente es quien tiene la responsabilidad de liderar el consejo en primera persona y con diligencia. Si él no lo hace, difícilmente podrá hacerlo otra persona.

CAPÍTULO 3.
¿QUÉ ES EL BUEN GOBIERNO ESTRATÉGICO Y CORPORATIVO?

«Muchas veces escuchó decir que con los años llega la sabiduría
y él esperó, confiando en que tal sabiduría le entregara lo que
más deseaba: ser capaz de guiar el rumbo de los recuerdos
y no caer en las trampas que estos tendían a menudo».

Un viejo que leía novelas de amor (1989), Luis Sepúlveda

En un sentido amplio del término, el gobierno corporativo afecta tanto a los consejos de administración y consejos asesores como a la junta general de accionistas, las juntas directivas y otros órganos relacionados. En este libro, sin embargo, me centro en los consejos. Excluyo expresamente los equipos directivos que tienen foco en la ejecución, en el corto y medio plazo, y sobre los que, además, se puede consultar infinidad de ensayos, documentos y literatura acerca de su forma de administración y gobierno.

Empecemos por el «sustrato base». Definamos lo que entendemos por un buen gobierno corporativo antes de reflexionar sobre lo que es un consejo de administración o un consejo asesor y los objetivos concretos que pueden, o deben, tener.

El gobierno corporativo es el sistema integrado de procedimientos, normas y principios de actuación, políticas y prácticas que regula el funcionamiento de los diferentes órganos de gobierno. En síntesis, son las «reglas de juego» que deben observar los diferentes órganos de gobierno y sus miembros para su correcto funcionamiento y para la adecuada relación entre ellos. En esencia, estos principios de actuación y enfoque deberían enmarcar la actuación de los órganos de administración de la organización, sea cual sea su forma y estructura, incluido el caso en el que la administración recae en la figura de un administrador único.

Colocar el matiz «estratégico» entre los términos «gobierno» y «corporativo» tiene una pretensión: subrayar el enfoque a medio y largo plazo que deben tener presente los accionistas y los órganos de gobierno en los que estos delegan algunos de sus deberes.

A veces, los economistas hacen una interpretación de las empresas según la cual estas se consideran agentes de un mercado donde agregan valor en su proceso de producción o «servucción» para competir por los clientes. Pero si no te llamas Apple, o Google, o Amazon, compites por mucho más que por los clientes. Compites también por los recursos. Y para atraer el talento, el dinero o cualquier otro recurso, necesitamos generar confianza. Esta no se puede comprar ni imponer; se gana en base al mérito y hemos de ser capaces de generarla. Un gobierno corporativo profesionalizado, transparente, que cuente con un código de conducta y un buen gobierno bien diseñados y explícitos, genera confianza en todos los grupos de interés. En consecuencia, la compañía resultará más atractiva para el talento que queremos incorporar, para los clientes que queremos que compren nuestros productos o servicios o para las entidades financieras y los inversores cuyos recursos financieros necesitamos. Para conseguir esa confianza, es esencial no solo elaborar el «discurso», sino llevarlo a la práctica con los hechos. Es lo que los anglosajones llaman *«to walk the talk»:* hacer lo que se dice. En castellano, diríamos que las palabras se demuestran con hechos. Predicando con el ejemplo.

La transparencia (decir siempre las cosas como son, sin esconder información, a través de un buen sistema de *reporting* que respire autenticidad) es el «mínimo higiénico» para generar confianza. Sin ella, no es posible ser confiable. Seguir el principio de «cumplir o explicar» forma parte de ser transparentes. Y esto se traduce en explicar explícita y proactivamente los motivos que nos llevan a incumplir cualquier compromiso, obligatorio o voluntario, que hayamos asumido previamente.

Los inversores y las entidades financieras se sienten mucho más tranquilos aportando sus recursos a compañías en las cuales la transparencia y, en general, un buen gobierno corporativo aumentan la confianza y minimizan los riesgos. Y también, el talento.

Pero, además de los principios básicos de actuación, el buen gobierno corporativo debe poner el foco en algunas cuestiones que son de especial interés para todos los grupos y, en primera instancia, para los accionistas. En términos generales, independientemente del tamaño de la compañía y de cuáles sean concretamente sus órganos de gobierno, el buen gobierno corporativo debería centrarse en gestionar adecuadamente los seis ámbitos que se especifican a continuación.

A. Dotar a la organización de una estrategia corporativa adecuada

En mi experiencia, mucha gente confunde táctica con estrategia. Y mucha gente usa el adjetivo «estratégico» para querer decir «importante». Pasé unos cuantos años de mi vida como consultor haciendo estrategia para mis clientes. Pues bien, aunque, como en muchas profesiones, tendemos a sofisticar el lenguaje para que parezca más difícil de lo que es (y poder cobrar más por nuestro trabajo), aprendí de uno de mis socios (gracias, Álex) que lo importante de la estrategia, en el fondo, es la capacidad de pensar a largo plazo para imaginar un futuro que podemos perseguir si lo definimos bien y trazamos el camino (o un camino válido).

Puede darse el caso, más habitual de lo que pueda parecer, de que no exista estrategia, de que el gobierno corporativo no haya reparado en ella o de que esté en la mente del propietario de una compañía que no sabe comunicarla ni desarrollarla. Dicho sea de paso, a veces, quien cree contar con una estrategia muy claramente definida en su cabeza tiene problemas para ponerla negro sobre blanco, y eso suele querer decir que, tal vez, no estuviera tan clara. Cuando nos ponemos a escribir, surgen las dudas y los vacíos… Sin embargo, la única forma de confirmar que tenemos una estrategia claramente definida que podamos compartir con los demás es plasmarla por escrito y bien estructurada.

Si la estrategia no existe, la responsabilidad de la propiedad de una compañía es asegurarse de que esta se diseña adecuadamente y de que el proceso se pilota a través de sus órganos de gobierno corporativos. No es necesario que sea directamente el consejo quien la desarrolle. Este puede apoyarse en consultores especializados y hacer participar a los directivos o a otros *stakeholders* que considere oportunos, pero es importante que los órganos de gobierno corporativos hagan suya la estrategia, liderando y participando en el proceso, de manera que, posteriormente, puedan asegurar el necesario alineamiento de la gobernanza ejecutiva con la corporativa.

En cualquier caso, no ayuda referirnos a la estrategia sin ponerle apellido. De la misma forma que un médico pediatra no es igual que un dermatólogo, no es lo mismo hablar de estrategia corporativa, o de estrategia de crecimiento, que de estrategia de negocio o de estrategia competitiva, por poner algunos ejemplos.

Aunque este tampoco es un libro de estrategia, quiero compartir algunas reflexiones sobre los diferentes ámbitos de la estrategia empresarial, porque solo de esa forma comprenderemos cuáles son aquellos que es necesario pilotar desde los órganos de gobierno corporativos y cuáles hay que dejar para los ejecutivos (aunque haya supervisión). También es interesante comprender que, aunque pueda haber cierta iteración en el proceso, en ocasiones, será aconsejable revisar pasos previos según los resultados que vayamos obteniendo.

El proceso de reflexión estratégica debe seguir una serie de fases en una secuencia concreta que responde a una jerarquía en el orden en que se hacen las reflexiones. Las conclusiones de cada fase condicionan y son la base de partida para la reflexión en los siguientes pasos del proceso. Dicho de otra forma, la estrategia corporativa condiciona la estrategia de negocio, y no al revés. Igual que la visión patrimonial de los accionistas, que viene determinada por el trinomio valor-liquidez-riesgo definido, debe condicionar la estrategia corporativa. Y lo mismo sucede con cada una de las fases del proceso de reflexión que hay que desarrollar para definir internamente cada una de las dos estrategias.

Aunque no hay que entenderla como algo rígido e inamovible, el diseño de nuestra estrategia sí nos ayuda a enfocar nuestros esfuerzos y a no dispersarnos en el marasmo de oportunidades que los mercados nos muestran a menudo. Eso no quiere decir que no podamos analizar puntualmente oportunidades no alineadas con la estrategia, pero, seguramente, una buena estrategia nos ayudará a no «disparar a todo lo que se mueve» y a ser más eficaces a la hora de conseguir nuestros objetivos. Podemos y debemos revisar la estrategia cada cierto tiempo, probablemente, con más frecuencia cuanto más cerca de las operaciones. Es decir, seguramente, será recomendable revisar con mayor frecuencia la estrategia de negocio que la estrategia corporativa.

Estrategia corporativa

Esta parte de la estrategia es la que más relación guarda con factores endógenos, como los intereses y valores de los propietarios de una compañía (su «ADN») en comparación con factores exógenos (como la competencia y la coyuntura económica), que condicionan de forma más intensa la estrategia de negocio y competitiva. La estrategia corporativa también se centra más en aspectos que afectan en mayor medida al verdadero largo plazo (en comparación con otros aspectos de la estrategia que tienen el foco puesto en cuestiones de más corto o medio plazo). Y no me preguntéis cuánto es largo plazo y cuánto es corto plazo porque, además de ser un factor relativo, esto depende también de la naturaleza y del ciclo de vida de cada negocio. Por ejemplo, lo que puede ser corto plazo para un promotor inmobiliario cuyo ciclo de vida de producto dura años, puede suponer largo plazo para una compañía de comercio electrónico que cambia su catálogo de productos cada pocos minutos.

La estrategia corporativa pone el foco en definir algunas cosas importantes:

- La misión o propósito. Últimamente, estamos más acostumbrados a oír hablar del propósito, aunque, en mi opinión, son conceptos muy parecidos y prácticamente equivalentes. La misión, tan de moda en años pretéritos, terminó transformándose en el propósito porque, en muchas ocasiones, este acaba consistiendo en una frase publicitaria más o menos afortunada, redactada con gracia por una agencia creativa de comunicación, pero vacía de contenido real y que podía aplicarse a casi cualquier compañía sin apenas cambiar una coma. La verdadera misión o propósito de una organización se construye identificando los diferentes grupos de interés a los que se quiere aportar valor (los propietarios, los clientes, los empleados, los aliados, la sociedad en su conjunto...) y reflexionando sobre la manera de hacerlo en cada caso, procurando hacerlo de la forma más concreta, realista, diferencial y sostenible que seamos capaces de idear.

Hay muchas formas de aportar valor a cada *stakeholder*. Pondré un solo ejemplo relativo a los propietarios. Algunos accionistas demandan liquidez a través del reparto de los beneficios en forma de dividendos o de mecanismos que permitan vender sus acciones en el mercado secundario. Otros prefieren acumular valor en forma de reservas, con el objetivo de reinvertir en el propio negocio, cuyo coste de oportunidad en términos de rentabilidad y riesgo consideran mejor al de otras oportunidades de inversión. Estas dos formas de generar valor para los accionistas no son excluyentes (pueden compatibilizarse parcialmente), pero sí pueden ser sistémicamente contrapuestas (en el sentido de que una funciona en detrimento de la otra). Repartir dividendos suele ser el acercamiento más cortoplacista, derivado de las necesidades financieras de los accionistas o de la aprehensión al riesgo inherente a los negocios, que se da más habitualmente en los accionistas no implicados en la gestión de la empresa.

También la naturaleza del negocio puede hacer más recomendable una u otra forma de generar valor para el accionista (no es lo mismo una empresa intensiva en capital, con fuertes inversiones en activos y de ciclo de negocio largo, que una empresa de servicios donde el valor lo aportan fundamentalmente las personas que están al frente del negocio). Son los propietarios los que deben reflexionar sobre el trinomio valor-riesgo-liquidez para decidir lo que más les conviene a corto, medio y largo plazo. Además, hay otras formas complementarias de generación de valor para los accionistas que no son directamente económicas. Hay accionistas cuya vinculación a ciertas compañías les proporciona prestigio y posicionamiento, los cuales les permiten, por ejemplo, tener acceso a otras inversiones. Conozco a familias empresarias cuya participación en el negocio familiar les ofrece oportunidades de desarrollo no solo profesional sino también personal, así como acceso a recursos para emprender negocios propios a través del *family office* del grupo y de políticas de acompañamiento bien diseñadas. A veces, participar en un negocio como accionista también produce sinergias con otros negocios en los que se participa que de otra forma serían imposibles. En fin, con este ejemplo centrado en los propietarios quería ilustrar que existen múltiples formas de generar valor a cada *stakeholder* y que no todas son necesariamente evidentes.

Solo después de pasar por este proceso de reflexión, seremos capaces de explicar a los demás para qué existimos como organización y por qué, si dejamos de existir, alguien se perderá algo importante. Solo después de eso estaremos en disposición de escribir un párrafo que, además de quedar bien en los folletos, dará sentido a la organización, hará que nos brillen los ojos y ayudará a construir compromiso e implicación por parte de nuestros *stakeholders*.

– La visión. Se trata del «sueño estratégico», que determina el nivel de ambición de los propietarios de una compañía y que define cómo les gustaría que fuera su compañía dentro de unos años si han tenido éxito en el desarrollo que quieren para la misma. Se trabaja de forma intuitiva, al menos inicialmente, pero implica también reflexionar sobre lo que consideramos éxito (algo menos evidente de lo que parece) y sobre cómo lo vamos a medir. La visión es algo inspirador que, como ocurre con la misión o el propósito, si está bien definida, suele ayudar a atraer y retener el talento y que muchos otros *stakeholders,* empezando por los propietarios, aprecian también. En la visión subyace el concepto de «estrategizar» que postulaban Gary Hamel y C. K. Prahalad en su libro de 1995 *Competing for the Future (Competir por el futuro),* consistente en visualizar el futuro para convertirlo en realidad (los autores lo aplicaban también a la «creación de mercados»). Como decía, el proceso de «soñar una visión» puede empezar de forma intuitiva, y será el resto del proceso de reflexión estratégica el que nos ayudará a matizar y reconducir, en caso necesario, el alcance del sueño, tanto para ganar en ambición cuando es recomendable o necesario como para moderarlo si es excesivo. Los propios Hamel y Prahalad desarrollaron pocos años antes de su *best seller* el concepto *«core competences»* (competencias centrales) sobre las que desarrollar ventaja competitiva y que, de alguna forma, nos permiten aportar realismo a nuestras reflexiones sobre sueños estratégicos.

- Ámbito de negocio. Desde la perspectiva corporativa, también es necesario reflexionar y decidir en qué negocios queremos estar presentes (y en cuáles no) y con qué grado de implicación, en términos de gestión directa o supervisión en cada eslabón de la cadena de valor de los mismos. La decisión de qué ámbitos de negocio queremos que ocupen el foco de nuestra actividad viene condicionada por las reflexiones previas de misión/propósito y visión, pero también por otras que tienen que ver con sinergias, vectores de crecimiento y consolidación o con competencias clave que determinan oportunidades basadas en ventajas competitivas.

- Estrategia de crecimiento. En esta fase, se trata de decidir, en primera instancia, si queremos basar nuestro crecimiento en un modelo de crecimiento orgánico, poniendo todos los recursos en el desarrollo de las capacidades internas, o en un modelo inorgánico, que nos haga prestar atención a las oportunidades de adquisición de compañías, aun sin desatender las necesidades de desarrollo interno. Si optamos por buscar activamente oportunidades de adquisición y no tenemos «músculo entrenado» para ello, habrá que desarrollar las capacidades necesarias y/o acompañarnos de conocimiento experto para no solo identificar las oportunidades, sino completar todo el proceso hasta una integración exitosa. En cuanto al crecimiento orgánico, el reto será escoger el vector de crecimiento en el que queremos basar nuestro crecimiento si decidimos que es el momento de crecer fuera de nuestro mercado natural (por ejemplo, si nuestra cuota de mercado ya es suficientemente relevante o si existen amenazas externas que recomienden salir fuera del mismo). En ese caso, parte de la reflexión y del debate consistirá en definir los posibles vectores de crecimiento a analizar, para luego escoger en cuál o en cuáles de ellos queremos apostar para invertir nuestros esfuerzos de crecimiento. Lo habitual es pensar en tres: 1) la extensión de nuestro negocio más allá del territorio geográfico en el que estamos; 2) la ampliación de nuestro *offering* (nuestra oferta de productos y servicios); y 3) la integración vertical en nuestra cadena de valor, bien sea hacia adelante o hacia atrás. Aunque hay compañías que atacan varios vectores simultáneamente, son pocas las que lo hacen con éxito, especialmente, si no tienen los mecanismos de gestión ejecutiva bien afinados, los recursos (financieros, de talento y conocimiento, etc.) suficientes para hacerlo bien en todos ellos y si su negocio actual no va claramente en «velocidad de crucero». Pero, aun así, doctores tiene la Iglesia. Definir una estrategia diferencial con sentido común es una de las palancas esenciales para ganar, por eso es necesario dedicar tiempo de calidad para reflexionar sobre estas cosas. Por cierto, especialmente esta última parte, la estrategia de crecimiento, empieza a estar ya muy cerca de la estrategia de negocio que veremos a continuación. Las fronteras son grises, y esto es parte de lo que hace interesante y difícil el análisis.

Estrategia de negocio

Vamos ahora con la estrategia de negocio, que pone el foco en cómo actuar en cada unidad de negocio para tener éxito relativo dentro de cada mercado y que, por lo tanto, está mucho más cerca de los ámbitos de responsabilidad ejecutivos propios de los directivos y no tanto de los propietarios (aunque no estén totalmente desligados, entre otras cosas, porque, como ya hemos visto, la estrategia corporativa condiciona en gran medida la estrategia de negocio y ambas deben estar alineadas). En cualquier caso, la estrategia de negocio tiene un foco de luces más corto que la corporativa y guarda mayor relación con factores exógenos derivados de la coyuntura y del mercado en el que nos movemos. Por eso, es esencial hacer un buen análisis de ambos, entendiendo bien la demanda (nuestros clientes actuales y potenciales), la oferta (nuestros competidores actuales y potenciales) y a nosotros mismos con relación a los anteriores. La definición que habremos establecido de nuestro negocio será esencial para determinar esta «arena competitiva» de oferta y demanda en la que jugaremos.

En el verano de 2004, Theodore Levitt publicó en Harvard su famoso artículo *«Marketing Myopia»* («La miopía del marketing»), en el que profundizaba en este concepto de definición de negocio. Recuerdo el caso de uno de mis clientes, que operaba un parque de atracciones en la costa española, con el que parte del debate del proyecto de consultoría estratégica consistió en definir su negocio. Si este operador define su negocio como el de los «parques de atracciones», sus competidores serán otros parques de atracciones. Sin embargo, si define su negocio como el ocio, sus competidores serán, a su vez, los cines o las playas, cuya oferta puede también «robarnos» clientes. No quiero decir con esto que una u otra sean la decisión correcta, pero las implicaciones en términos de definición de estrategia de negocio son diversas e importantes.

La definición de negocio determina la arena competitiva, esto es, quiénes son nuestros clientes y competidores, y en función de ello, probablemente, tomaremos decisiones muy diferentes. Lo mismo pasaría, por poner otro ejemplo, si resulta que soy el propietario de una cadena de gimnasios. Si defino mi negocio como la operación de centros de *fitness*, las consecuencias son muy diferentes a si lo defino como «la salud», en términos más amplios. Lo segundo me permitiría ampliar mi oferta de servicios (con servicios de asesoramiento médico o nutricional, por ejemplo) y lo primero. enfocar mis recursos en algo más «estrecho». Como digo, ninguna decisión es *per se* mejor que otra, pero cualquiera de las dos tiene numerosas implicaciones.

Theodore Levitt lo explicaba con el ejemplo de un multimillonario americano que hizo su fortuna en la industria de los ferrocarriles y que condenó a sus descendientes a la ruina en el momento en que condicionó la aceptación de la herencia por parte de los herederos al hecho de que estos se comprometieran a no abandonar el negocio familiar y a reinvertir todos los resultados excedentes en el negocio de los ferrocarriles. Seguramente, si hubiera definido su negocio como, por ejemplo, el «transporte», en vez de recurrir a algo tan acotado como los «ferrocarriles», habría permitido a sus descendientes invertir en otros medios de transporte cuando los ferrocarriles pasaron por horas bajas.

La estrategia de negocio pone el foco en cómo tener éxito en el mercado relevante una vez definido nuestro ámbito de negocio y, además, sirve a los directivos de una compañía a analizar y tomar decisiones sobre algunos aspectos muy relevantes para la ejecución que deben llevar a cabo.

En mi opinión, la primera decisión a afrontar cuando se trata de analizar la estrategia de negocio es si queremos clasicismo o disrupción. Es decir, optar por intentar construir uno de los famosos «océanos azules» que W. Chan Kim y Renée Mauborgne, ambos profesores de la Escuela de Negocios INSEAD, postularon en la teoría recogida en su *best seller* de 2005 *Blue Ocean Strategy,* o si, por el contrario,

71

optamos por el clasicismo de Michael E. Porter y su estrategia competitiva genérica, definida en su famoso libro *Competitive Strategy*, de 1985. Mucho se ha escrito sobre estrategia empresarial desde que el padre de la estrategia competitiva publicara su reconocido *best seller* y enunciara las cinco fuerzas que determinan la capacidad para competir en el libre mercado. No obstante, bajo mi punto de vista, estas son las dos opciones básicas: intentar construir un monopolio *de facto* redefiniendo los paradigmas de un sector en el que los competidores quedan fuera de juego durante años (es el caso de muchas compañías superexitosas como IKEA, Inditex [Zara] o Amazon) u optar por una de las tres estrategias básicas que postula Porter (liderazgo en costes, diferenciación o enfoque).

La idea de un «océano azul» sin competidores, en contraposición a un «océano rojo» lleno de sangre, en el que los tiburones (nuestros competidores) se dan bocados entre ellos compitiendo todos por las mismas presas (los clientes), es muy atractiva y los casos de éxito (aunque relativamente escasos) provocan el brillo en los ojos de los empresarios que sueñan con emular ese tipo de triunfo. Sin embargo, son muchos los que mueren en el intento y engrosan las atestadas filas de los enterrados y olvidados. No quiero decir que, por contra, siguiendo las teorías de Porter no haya muchos casos de fracaso (el éxito depende de numerosos factores, no solo de la estrategia de negocio), pero los casos de éxito son muchos más, y algunos, tan famosos como los de aquellos que basan su triunfo en haber construido un «océano azul».

Entre ellos, podríamos destacar Apple, Danone o muchas de las compañías de mayor volumen en cualquier bolsa de valores. Algunos de los nombres pueden llevar a confusión. Quizá alguien piense que Apple ha construido un «océano azul», pero no es lo mismo tener una exitosa estrategia de negocio basada en la innovación y en entender muy bien a tus clientes y competidores, que cambiar los paradigmas de una industria. Por lo tanto, ¿cuándo tiene sentido decantarse por una u otra? En mi opinión, la mayoría de las veces tiene más posibilidades de éxito optar por una estrategia competitiva clásica, siguiendo el marco conceptual de reflexión postulado por Michael E. Porter. Solo hay dos situaciones en las que puede merecer la pena correr el riesgo de intentar desarrollar un «océano azul»: la primera, cuando hay muy poco o no hay nada que perder, normalmente, cuando se emprende desde cero y existe una visión de oportunidad de negocio que se considera original y genuinamente diferencial y disruptiva; y la segunda, cuando nuestro negocio está ya muy consolidado y genera el suficiente excedente de recursos como para invertir una parte de estos en intentar desarrollar una disrupción en un mercado (habitualmente, el nuestro, para intentar canibalizarnos con éxito en lugar de que un nuevo competidor entrante nos eche antes del mercado).

Disponer de una estrategia no garantiza el resultado, sin embargo, es esencial tenerla, ya que, si se cuenta con una estrategia bien diseñada, se tiene un camino a seguir. Si no sabes a dónde quieres llegar, es imposible seguir el camino correcto. La estrategia define a dónde quieres llegar y ayuda a reflexionar sobre cómo hay que hacer para lograrlo.

B. Desarrollar la cultura corporativa que impulse y permita llevar a cabo la estrategia

Peter F. Drucker, consultor y autor austriaco considerado el mayor filósofo sobre la gestión corporativa, decía que la cultura se come a la estrategia para desayunar. Al igual que la estrategia, la cultura corporativa es un concepto de largo alcance que los órganos de gobierno harían bien en liderar, monitorizar y modelar cuando sea necesario, ya que, sin la cultura adecuada, ninguna estrategia podrá llevarse a cabo con eficiencia y de forma exitosa.

La cultura de las organizaciones tiene que estar alineada con la estrategia. Además, la cultura no es algo que podamos cambiar de un día para otro, sino que es un concepto de largo plazo, «de lluvia fina». La cultura va calando. Tiene que ver con lo que hacen las personas que ejercen un mayor impacto en la organización; para empezar, los propietarios y los directivos. Por tanto, tiene mucho sentido que se pilote desde el consejo de administración, que vela por los intereses de todos los *stakeholders* y, en particular, por los de la propiedad. El CEO de una compañía puede cambiar cada pocos años, pero la cultura es algo que debe mantenerse de manera estable, quizá con ligeros virajes, en ningún caso dando bandazos cada vez que hay cambios en la cúpula ejecutiva.

La cultura determina cómo se hacen las cosas en una organización, lo que se tolera y lo que no, en base a unos principios de actuación cuyo origen no siempre está claro ni es explícito. Puede que el lector haya oído hablar de un famoso experimento[3] cuyo objetivo era estudiar la respuesta a ciertos estímulos adquirida culturalmente en un grupo de simios. Consistía en observar el comportamiento de unos monos encerrados en una gran jaula en la que había una escalera que permitía llegar hasta unos plátanos. Cada vez que un miembro del grupo llegaba hasta los plátanos,

---

3   Stephenson, G. R. «Cultural acquisition of a specific learned response among rhesus monkeys». En: Starek, D.; Schneider, R.; Kuhn, H. J. (eds.). *Progress in Primatology*. Stuttgart: Fischer; 1967. pp. 279-288.

74

el grupo al completo era sometido a una molesta ducha de agua fría. Los monos aprendieron rápidamente la supuesta relación causa-efecto entre ambos hechos, así que dejaron de intentar alcanzar los plátanos para evitar el agua fría. Los más lentos en aprender, cuando intentaban alcanzar los plátanos, sufrían la agresividad de los demás miembros del grupo, que no querían mojarse. A continuación, los investigadores sustituyeron a uno de los monos del grupo por otro que no había pasado por la desagradable experiencia de la ducha fría, así que, cuando este intentó acercarse a la fruta, el resto de sus compañeros de grupo, que conocían las consecuencias de acercarse a los plátanos, se aseguraron de que no lo consiguiera. Podemos imaginar la escena. Los investigadores continuaron sustituyendo a miembros del grupo hasta que no quedó ninguno de los que había sufrido las duchas de agua fría, pero el grupo siguió sin permitir que ninguno de los simios subiera por la escalera. Al final del experimento, ninguno de los componentes del grupo había recibido ducha alguna de agua fría ni tenía la menor idea de por qué el grupo no toleraba que nadie se acercara a los plátanos, pero el aprendizaje adquirido socialmente se convirtió en parte de la cultura de ese colectivo. Es el equivalente a «¡porque aquí las cosas se han hecho siempre así!», sin cuestionar el porqué de las cosas.

Cuando se trata de trabajar la cultura, lo primero que hay que entender es cuáles son los valores que rigen la actual cultura de la organización. Pero no los que pensamos que la rigen, sino los que de verdad están arraigados. Es difícil conocer y explicar la verdadera cultura que impera en las organizaciones sin estudiarla con rigor. La alternativa es una interpretación pasada por el filtro de nuestras propias creencias y deseos, que incorporan, ineludiblemente, sesgo y subjetividad.

Lo segundo sería reflexionar sobre los valores que, como organización, queremos que rijan nuestra actuación en pro del proyecto y la estrategia que compartimos. Y es la propiedad de una compañía, que debería tener visión de largo plazo, la que ostenta la responsabilidad de diseñar una cultura acorde a la estrategia y al proyecto definido en la misma, así como de impulsar las acciones de «lluvia fina» que irán modelando poco a poco la cultura hasta acercarnos a la deseada.

Hemos de tener en cuenta que los principios de actuación y los valores culturales que estableció en su día el fundador de la empresa evolucionarán a lo largo del tiempo. Esto se debe a la retroalimentación de las actuaciones de las diferentes personas que van formando parte de la organización, en la medida en que estas tienen mayor o menor capacidad para influir en ella. Normalmente, cuanto más arriba en la organización, mayor es la capacidad de influir, también en la cultura de la organización. Y cuanto mayor es la organización, más difícil y lento resulta inducir cambios en su cultura.

Por lo tanto, es responsabilidad de los consejos hacer un adecuado seguimiento de la evolución cultural de la organización y fomentar al mismo tiempo su adaptación a las tendencias de la sociedad y del entorno donde la compañía desarrolla su actividad, las cuales, de una forma u otra, se reflejarán también en el equipo de la organización.

En resumen, la cultura tiene un alto impacto en las probabilidades de éxito de nuestro proyecto empresarial. Asimismo, los cambios requieren tiempo e intervención continua para que permeen en toda la organización y deben ser pilotados desde los órganos de gobierno. Se necesitan planes de acción y seguimiento continuo a todos los niveles organizativos, empezando y liderando desde el consejo, para superar la resistencia al cambio que inevitablemente se produce. Y es esencial e ineludible empezar por arriba.

C. Asegurar que se atiendan los intereses de todos los *stakeholders*

El gobierno corporativo tiene como último fin velar por los intereses de las compañías, de sus accionistas y de todos los grupos de interés relacionados, generando confianza y protegiendo tanto a la empresa en sí misma como a sus propietarios y a las familias empresarias, cuando es el caso. Los tres grupos de interés forman parte de un sistema integrado en el que los intereses no siempre están completamente alineados, lo cual complica las cosas.

Los órganos de gobierno bien diseñados y gestionados ayudan a mejorar las relaciones y a alinear dichos intereses a largo plazo, especialmente, los de los accionistas y gestores. En cualquier caso, como digo, lo primordial es tener presente que los análisis, los debates y las decisiones que se tomen deben perseguir en todo momento generar y preservar el valor a largo plazo no solo para los accionistas, sino también para el resto de los grupos de interés: empleados, directivos, accionistas, clientes, aliados, mercado en general, administraciones, inversores y entidades financieras, etc. Como veremos más adelante, este valor no es solo económico y es lo que, en última instancia, defiende también mejor los intereses de los propietarios a medio y largo plazo.

Velar por los intereses de todos los grupos es el principio de actuación básico y más importante del que se derivan los demás aspectos del buen gobierno, que analizaremos a continuación.

Otro tema a tratar es el concepto de responsabilidad social corporativa (RSC), pues, aunque no sea objeto de este

77

libro profundizar en ello, sí es responsabilidad de los órganos de gobierno de las compañías velar por unos claros principios de actuación alineados con la consciencia de la necesidad, y de los beneficios, de la RSC considerada y aplicada con verdadera convicción e impulsarlos.

Las inercias socioculturales derivadas de la presión competitiva y el cortoplacismo inducido por las últimas décadas de nuestras economías liberales[4] hacen que, si no hay un

---

4   No es objeto de este libro reflexionar sobre la bondad de la economía de libre mercado que subyace a la mayoría de las políticas que rigen en la mayor parte del mundo (independientemente del color político de sus gobernantes y del estado de desarrollo de sus economías), ni yo pretendo cuestionarla. Seguramente, el capitalismo sea el menos malo de los sistemas socioeconómicos, al menos, en cuanto a su capacidad de generar riqueza económica y crecimiento. Sin embargo, también parece claro que las políticas liberales más agresivas aplicadas durante las últimas décadas en algunas regiones tienen importantes limitaciones, en cuanto a su eficiencia en relación a la dispersión de la generación de riqueza y el uso de los recursos, que condicionan su sostenibilidad a largo plazo (y no me refiero a la distribución de la riqueza generada, sino a la capacidad de generar riqueza de forma más equilibrada entre todos los agentes del sistema económico). Para combatir las consecuencias indeseadas, cuya eliminación hay que perseguir o, al menos, moderar en todo lo posible, no basta solo con la regulación impulsada por los poderes legislativos y los gobiernos (que no debe ir más allá de la estrictamente necesaria para atenuar y corregir las imperfecciones del libre mercado), sino que es necesaria, a su vez, la acción decidida y responsable de los propietarios, órganos de gobierno, directivos y colaboradores de cualquier compañía. Todo ello, dentro del marco de una cultura empresarial y de una sociedad cada vez más sensibles al retorno concebido como algo que va mucho más allá de lo puramente económico. La ausencia del adecuado gobierno corporativo empresarial (y político) y de los valores que deben acompañarlo (comprensión del propósito ético del poder y de los criterios morales para su ejercicio) están entre las principales causas de las consecuencias negativas de nuestro sistema socioeconómico, lo cual le hace un flaco favor en términos de sostenibilidad, pues lo hace vulnerable a críticas bien fundamentadas en los impactos negativos de un sistema, por definición, imperfecto.

claro impulso por parte de la propiedad y de los órganos de gobierno, sea muy difícil que los equipos directivos pongan el foco en la búsqueda de retorno más allá del económico a corto plazo, o del simple «maquillaje estético» *(greenwashing)*, para intentar manipular a un consumidor cada vez más informado y sensibilizado por aspectos de impacto social y medioambiental.

Los principios de actuación que promulgan una visión más amplia del retorno de las empresas persiguen objetivos más allá del crecimiento y el beneficio económico a través de la optimización de los ingresos. Responden a la sensibilidad cada vez mayor de los diferentes grupos de interés de las compañías hacia la persecución y el seguimiento de impactos y retornos no meramente económicos. Es el caso de los promulgados por John Elkington, reconocido emprendedor en serie y autor, entre otros 20 títulos, del prestigioso *Cannibals with Forks: The Triple Bottom Line of 21st Century Business,* cuyo concepto de *«triple bottom line»* considera el impacto y el retorno en las personas y en el planeta como una responsabilidad y un objetivo deseable de las empresas, más allá del crecimiento y los resultados económicos.

Esto incluye la promoción de relaciones comerciales justas con clientes y proveedores, el bienestar de las personas que trabajan en nuestros proyectos y la aportación de valor a la sociedad en general, empezando por los entornos más cercanos. Asimismo, engloba la perspectiva del desarrollo sostenible y la preservación del medioambiente. Es lo que en el sector se conoce como la triple R, que consiste en reducir el consumo de recursos todo lo posible (no malgastar), reutilizar (dar segundas o terceras vidas, por ejemplo, a través del reacondicionamiento de objetos y recursos que, de otra forma, se desechan) y, cuando no hay más remedio, reciclar (asegurando que, en la medida de lo posible, utilizamos

79

materiales reciclables y hacemos todo lo posible para que estos sean reciclados una vez que han cumplido su función). En consonancia con esta filosofía, algunas compañías tan conocidas como Unilever, IKEA, Microsoft, Nestlé o Danone han tomado como referencia algunos de los 17 objetivos de desarrollo sostenible (ODS) para 2030 desarrollados en 2015 por el Programa de las Naciones Unidas para el Desarrollo y valoran en qué medida pueden contribuir a su consecución, no solo a través de aportes directos en el entorno sino, a la vez, a través del alineamiento de los principios de actuación, planes y acciones que las compañías llevan a cabo para desarrollar su actividad[5].

---

5   Los 17 objetivos de desarrollo sostenible (ODS) definidos por Naciones Unidas son: 1) fin de la pobreza; 2) hambre cero; 3) salud y bienestar; 4) educación de calidad; 5) igualdad de género; 6) agua limpia y saneamiento; 7) energía asequible y no contaminante; 8) trabajo decente y crecimiento económico; 9) industria, innovación e infraestructura; 10) reducción de las desigualdades; 11) ciudades y comunidades sostenibles; 12) producción y consumo responsables; 13) acción por el clima; 14) vida submarina; 15) vida de ecosistemas terrestres; 16) paz, justicia e instituciones sólidas; y 17) alianzas para lograr objetivos.

     Unilever, por ejemplo, asumió el compromiso público de garantizar que el 100% de su materia prima agrícola fuera sostenible, así como de reducción del uso de agua en su cadena de aprovisionamiento (ODS 12).

     IKEA fijó metas concretas relacionadas con la gestión sostenible del uso de recursos naturales, comprometiéndose a usar el 100% de la madera y el algodón provenientes de fuentes sostenibles. Igualmente, fijó el objetivo de tener una huella positiva en la biodiversidad y la regeneración de los ecosistemas (ODS 12 y 15).

     Microsoft se ha comprometido con múltiples iniciativas de acceso a la educación y a la tecnología a través de programas como Educación para el Empleo y TechSpark, promoviendo así el aprendizaje digital y el desarrollo económico en comunidades marginadas (ODS 4 y 9).

     Nestlé se ha centrado en la promoción de prácticas agrícolas sostenibles y en la reducción del desperdicio de alimentos. Así, ha establecido objetivos para abordar la malnutrición y mejorar la calidad de vida de los agricultores en su cadena de suministro (ODS 2 y 12).

También puede constituir un acercamiento muy interesante analizar oportunidades de colaboración, alternativas o complementarias, con entidades sin ánimo de lucro que, por su especialización, podrían suponer una palanca de acción para las compañías. A mí, particularmente, me gusta el modelo de impacto sistémico y multiplicador promulgado por Ashoka.org, que, en muchas ocasiones, abre oportunidades de colaboración muy interesantes para las empresas con sensibilidad que buscan identificar iniciativas de emprendimiento social que han sido previamente contrastadas.

Además, es conveniente tener presente que la Comisión Europea sigue intensificando su política de fomento de las finanzas sostenibles que las entidades financieras e inversores trasladarán, de una forma u otra, al resto del sector privado. Y lo hacen negando o incrementando el precio de la financiación que conceden como mecanismo de compensación del incremento de riesgo asociado a financiar compañías desalineadas con los objetivos del regulador.

En este sentido, es interesante ver cómo diversos colectivos se suman de forma más decidida a esta corriente social que afecta a las empresas desde diferentes ángulos. Un ejemplo: el llamado Grupo de Expertos sobre Obligaciones en Materia Climática de las Empresas[6] (que cuenta cada vez con más jueces y juristas en sus filas) publicó en 2018 sus principios, que van tomando forma de referente. Esto nos

---

Danone ha desarrollado iniciativas para promover la agricultura regenerativa y sostenible en su cadena de suministro de alimentos y se ha comprometido a trabajar con agricultores y comunidades locales para mejorar la salud del suelo y la biodiversidad (ODS 2 y 12).

6 Grupo de Expertos sobre Obligaciones en Materia Climática de las Empresas Climate Principles for Enterprises. Disponible en: https://climateprinciplesforenterprises.org/

da una idea del interés por conocer los criterios que irán adoptándose y conformarán la jurisprudencia de los tribunales. Se debe a que los litigios relacionados con actuaciones que afectan al medioambiente serán cada vez más frecuentes[7], de igual forma que los asuntos relacionados con la privacidad, la desigualdad o la digitalización forman ya parte de la agenda de los órganos de gobierno.

Dos ejemplos más de la relevancia de esta macrotendencia social que las compañías no pueden permitirse obviar son B Corporation (impulsada por la ONG B Lab) y House of Beautiful Business. La primera, B Corp[8], se autodefine como un «movimiento global de personas que utilizan la fuerza de los negocios para generar impacto positivo». Han desarrollado una certificación para identificar a aquellas empresas que, voluntariamente, equilibran el propósito social y los beneficios económicos, incorporando un requerimiento normativo a tener en cuenta en la toma de decisiones para sus trabajadores, clientes, proveedores, comunidad y medioambiente. En estos momentos (abril de 2024), ya hay más de ocho mil quinientas empresas certificadas en 162 sectores y 98 países. La segunda, House of Beautiful Business, se autodefine como un *think tank* global y una comunidad en pro de la humanización de los negocios. Para quien quiera profundizar en las ideas de este colectivo, recomiendo la lectura del libro *The great wave (La gran ola)* publicado en el año 2020.

---

7   Para quién tenga interés en profundizar sobre cómo está creciendo e impactando en el mundo el mercado de litigación estratégica centrado en el medioambiente, sugiero la lectura del libro *Client Earth: Abogados en defensa de la Tierra*, de los autores James Thornton y Martin Goodman, a su vez, fundadores de ClientEarth.org y *fellows* de Ashoka.org.

8   B Corporation España. Disponible en: https://www.bcorpspain.es

D. Velar por el cumplimiento de los resultados y realizar una asignación de recursos alineada con la estrategia corporativa y de negocio

Los órganos de gobierno existen para gobernar las organizaciones, es decir, para tomar o ayudar a tomar las mejores decisiones a fin de generar valor a todos sus *stakeholders* y asegurar la continuidad a largo plazo de la organización. En primera instancia, por tanto, se trata de guiar las actuaciones de los equipos ejecutivos y apoyar para que las operaciones que se ejecutan en el día a día de la organización consigan alcanzar los objetivos operativos y arrojar los resultados esperados en concordancia con el plan estratégico definido. No hay futuro sin presente. Así pues, velar por el cumplimiento de los objetivos y el resultado a corto plazo también es esencial para la organización.

En cualquier caso, aunque a veces hay que dar pequeños «rodeos» para saltar algún obstáculo, la dirección en que avanzamos tiene que estar, en conjunto, alineada con el objetivo a largo plazo, es decir, con la estrategia corporativa diseñada. Y esto hay que hacerlo con el mejor uso de los recursos del que seamos capaces. La eficiencia en el uso de los recursos (no solo económicos) es un requerimiento ineludible de las condiciones de mercado en un entorno altamente competitivo, que suele ser el habitual para la mayoría de las organizaciones. Por lo tanto, también forma parte de las funciones del consejo velar por la adecuada asignación de recursos a cada una de las unidades de negocio, especialmente, en grupos empresariales diversificados, o con voluntad de estarlo, y en concordancia con la estrategia patrimonial definida por la propiedad.

No direccionar de forma consciente la asignación de recursos lleva a desequilibrios peligrosos. Por ejemplo, en los

83

grupos altamente diversificados, atender «fuegos» puede provocar que se pierda de vista lo primordial y se acabe dedicando más recursos de los estrictamente necesarios a lo urgente, en contradicción con lo que sería conveniente a medio o largo plazo.

Por poner un ejemplo habitual, mientras estamos tratando de tapar un agujero en una unidad de negocio que nos cuesta dinero (que ha hecho saltar todas las alarmas porque en el cuadro de mando hay un indicador en rojo), quizá estemos dejando de dedicar ese tiempo a otra que (estando en verde en ese mismo cuadro de mando, sin llamar la atención) podría, fácilmente, estar produciendo mucho más beneficio del que nos cuestan las pérdidas en la primera. Con esto no quiero decir que no haya que tapar agujeros, pero he visto algunas situaciones en las que se han dedicado ingentes recursos a intentar dar la vuelta a algo que difícilmente volvería a los resultados positivos. Es pura psicología de perdedor: a nadie le gusta levantarse de la mesa de póker cuando va perdiendo, pero hay que saber decir «basta» con objetividad. Por poner otro ejemplo, si en estos momentos uno no compraría acciones de un valor que lleva en su cartera y con el que acumula pérdidas, tal vez sea el momento de venderlo (aunque la psicología del perdedor nos induzca a conservar el valor hasta que recuperemos lo perdido... puede que nunca). Esos recursos tienen un coste de oportunidad y podrían invertirse, seguramente, en un lugar mejor que produciría beneficios superiores a lo que ya se ha perdido y pretende recuperarse. Quizá, lo mejor sea asumir las pérdidas, cerrar el grifo para dejar de sangrar y enfocar los recursos disponibles en mejores alternativas.

Tanto el tiempo como los recursos económicos disponibles son, por definición, limitados. Por ello, es fundamental

84

valorar el coste de oportunidad que implica la asignación de recursos cada vez que tomamos una decisión que conlleva dedicar tiempo, talento y dinero a unas cosas en vez de a otras.

Al fin y al cabo, los recursos son algo por lo que se pelea en las organizaciones. De hecho, los directivos compiten por ellos, muchas veces en un marco de juego de suma cero en el que lo que uno se lleva es en detrimento de lo que se llevan los demás.

Por ejemplo, cuando las compañías son grupos con diferentes unidades de negocio que requieren de inversión, los responsables de cada empresa del grupo suelen presentar sus planes de inversión, los cuales, habitualmente, requieren de aprobación por parte del consejo. Los planes de inversión, además de especificar los requerimientos económicos de capital, suelen ir acompañados del correspondiente análisis de retorno de la inversión, de los riesgos asociados y de otras consideraciones no cuantitativas (como requerimientos regulatorios u oportunidades estratégicas). Los planes siempre tienen sentido desde la perspectiva de quien los presenta (no recuerdo haber visto una propuesta de inversión con retorno negativo), pero es posible que, desde la perspectiva global de grupo, no tenga sentido aprobar una inversión particular cuando los recursos, por definición, limitados, pueden encontrar una alternativa con mejor ratio riesgo-rentabilidad en otra empresa del grupo (o incluso fuera de la corporación). Es la propiedad quien, a través de sus órganos de gobierno corporativo, debería tomar este tipo de decisiones en base a un buen análisis del trinomio riesgo-rentabilidad-liquidez, que precisa visión de largo plazo y alineamiento con la estrategia patrimonial previamente establecida.

E. Identificar y evaluar los riesgos y las oportunidades corporativas para diseñar planes destinados a su correcta gestión y a mejorar la resiliencia corporativa

En un sentido amplio, con el objetivo de preservar el valor, los consejos deben velar por evitar la asunción imprudente de riesgos, los sistemas de retribución inapropiados y la deficiente composición de órganos de dirección y administración (que, sin ir más lejos, fueron algunas de las causas que provocaron la anterior crisis económica global).

Un consejo de administración debe definir los tipos y el grado de riesgo que está dispuesto a asumir para alcanzar los objetivos fijados. La asunción de riesgo (que no de contingencias legales) es algo inherente al concepto de empresa. Es algo legítimo que impulsa el progreso y la obtención de interesantes retornos cuando las cosas salen bien. Por otra parte, la prudencia también es un valor del que hacer gala si pretendemos que la empresa tenga una larga vida. Un exceso de riesgo puede traducirse, a veces de forma rápida, en consecuencias muy desagradables. Y, sin embargo, un exceso de prudencia acaba desembocando en una lenta y apática agonía, en ocasiones, difícil de percibir. Es un interesante debate de importantes consecuencias para el futuro de la organización.

Los buenos órganos de gobierno sirven también para minimizar el grado de probabilidad y el posible impacto de los riesgos corporativos más relevantes, ya sean riesgos financieros, operacionales (calidad, seguridad laboral, etc.), de ciberseguridad, fraude, etc., que pueden llegar a tener una fuerte repercusión económica, legal y reputacional y perjudicar seriamente la capacidad de generar valor y crecimiento, llegando a poner, incluso, en riesgo la continuidad de los responsables (administradores y directivos) o de la propia compañía en casos extremos.

Los propietarios de las compañías, a través de los correspondientes órganos de gobierno y de una política de gobernanza corporativa bien diseñada e implantada, deben velar por minimizar las situaciones que ponen en riesgo la continuidad de la organización. Hasta las compañías de mayor tamaño pueden caer como consecuencia de no identificar y gestionar adecuadamente los riesgos corporativos en una situación catastrófica. Tal vez los directivos puedan cambiar de barco, pero los propietarios se quedan sin barco. Nadie asomaría la cabeza en una trinchera si pensara que la siguiente bala es para su cabeza, pero las balas están ahí, y más vale prevenir si no queremos acompañar en el cementerio a todos esos que asomaron la cabeza con optimismo infundado.

Hace poco tiempo viví de cerca la dramática situación de una compañía en la cual un problema reputacional asociado a la persona que contribuía a la generación de la mayor parte de sus ingresos puso en riesgo la continuidad de la misma cuando dicha persona tuvo que «desaparecer del mapa». La compañía pudo superar el bache, pero estuvo a punto de no contarlo. Las cosas habrían sido distintas de haber contado con una buena gestión preventiva de los riesgos.

También recuerdo vívidamente cómo el haber hecho bien las cosas nos permitió respirar con cierta tranquilidad a los administradores de un grupo industrial de cuyo consejo formaba parte como consejero independiente. En una de las fábricas, se produjo un fatídico accidente a consecuencia del cual falleció un operario. Sumado al dolor y la frustración que produce a cualquiera que sea persona vivir de cerca una situación de esta índole, habríamos podido afrontar serias responsabilidades legales si, como administradores, no hubiéramos impulsado todas las acciones posibles para asegurar que las cosas se hicieran bien, más allá de cumplir escrupulosamente con la regulación de prevención de riesgos laborales. No sería la primera vez que me encuentro a alguien que piensa que con un seguro de responsabilidad civil está todo resuelto y bien cubierto. Además de la responsabilidad moral que, como personas, debe guiarnos para hacer bien las cosas, la actual Ley de Sociedades de Capital (LSC) confiere una fuerte responsabilidad legal a los administradores de las sociedades, que puede llegar a implicar responsabilidad penal (en ningún caso cubierta por un seguro).

Hay situaciones que van más allá de los riesgos asociados al marco regulatorio y que pueden poner en peligro a los administradores y a la propia compañía. Existen, como acabamos de ver, riesgos reputacionales o estratégicos, por poner otros ejemplos, que pueden matar o dañar seriamente cualquier organización.

Se trata, por tanto, de identificar los potenciales riesgos, evaluar el grado de probabilidad de que ocurran y el impacto que ocasionarían en caso de suceder y diseñar e implantar los correspondientes planes preventivos, con el fin de reducir el riesgo, y paliativos, para reducir el impacto en el indeseable caso de que llegasen a ocurrir. Se trata de prevenir, pero, también, de poder actuar con celeridad y diligencia para minimizar el impacto si la prevención falla.

Cuando hay fuego en la cocina, no hay mucho tiempo para pensar, así que es mejor tener el extintor a mano, por si acaso. La resiliencia de las organizaciones depende de su capacidad de volver a la normalidad después de que suceda un imprevisto indeseado. Cuanto menor sea el tiempo de reacción y mejores hayan sido las medidas a aplicar diseñadas con anterioridad, menor será el daño y más pronta la recuperación.

Un concepto relativamente nuevo que hemos tenido que aprender de forma desagradable como consecuencia de las dos últimas crisis que se han sucedido es el de resiliencia financiera. Las compañías que tienen una sólida posición financiera, basada en la prudencia y en una combinación de bajo apalancamiento financiero y buen control de los costes fijos y estructurales, son más capaces de sobrellevar las consecuencias negativas de la crisis.

Las crisis económicas se llevan por delante a aquellas organizaciones que «viven al día» desde la perspectiva financiera, a las que no tienen un sólido balance que les permita resistir durante el tiempo que dure la carestía de clientes o su menguada capacidad para pagar o a las que no tienen la capacidad, o los recursos, para reinventarse con éxito.

En cambio, como insinuaba en el punto anterior, en algunos casos, las compañías que gozan de una sólida situación financiera son, además, capaces de aprovechar las buenas oportunidades que aparecen en momentos en que los mercados sufren.

Creo que es también responsabilidad de los órganos de gobierno tener presente este tipo de aprendizajes para que las compañías actúen en consecuencia y estén permanentemente preparadas para afrontar con garantías la próxima crisis, que, por desgracia, se repetirá, aunque lo único que no sepamos es cuándo.

En situaciones de pandemia como las que hemos vivido recientemente, la responsabilidad de los órganos de gobierno se incrementa en gran medida y obliga a prestar una mayor atención a ámbitos como los recursos humanos, la seguridad, la cadena de aprovisionamiento, etc., que implican riesgos seguramente infravalorados hasta la fecha. El tema no es si volveremos a padecer otra pandemia, sino cuándo ocurrirá y cuáles serán sus efectos en comparación con los que padecimos, y seguimos padeciendo, como consecuencia de la COVID-19.

El concepto de riesgo es intrínseco, por definición, al de empresa. El riesgo y la oportunidad constituyen un binomio habitualmente indisociable que forma parte de la esencia emprendedora. Pero eso no quiere decir que el riesgo no deba ser evaluado y gestionado de forma adecuada, especialmente, cuanto más haya que perder. Lo contrario es una insensatez, quizá fruto de la inconsciencia, que puede que algunos confundan con valentía.

F. Aprovechar las oportunidades del mercado de operaciones corporativas (M&A)

También es buena idea que el consejo monitorice las oportunidades del mercado de fusiones y adquisiciones, tanto desde la perspectiva compradora como desde la vendedora.

En el primer caso, puede derivarse de una estrategia de crecimiento inorgánico, especialmente, si se han hecho los deberes y hay recursos acumulados para aprovechar situaciones de coyuntura favorable. Si este es el caso, no basta con esperar a que las oportunidades llamen a nuestra puerta. Hay que salir a buscarlas. Además, las que se acercan a nosotros buscando comprador no siempre son las mejores. Poseer una actitud proactiva nos ayuda a tener las ideas claras sobre lo que nos interesa, a comparar mejor entre las opciones que ofrece el mercado y a identificar aquellas que no están necesariamente levantando la mano para llamar la atención. También nos ayuda a valorar mejor de forma reactiva las «oportunidades» que vienen a buscarnos.

Desde la perspectiva vendedora, soy de los que piensan que una compañía debe estar siempre en «perfecto estado de revista», como si se fuera a vender mañana y tuviera que pasar por un proceso exigente de *due diligence*, aunque no responda a la estrategia patrimonial predefinida por los accionistas. Actuar de esta forma implica hacer bien las cosas y no tener trapos sucios bajo la alfombra, y eso redunda siempre en beneficio de los accionistas, tanto si la compañía se vende como si no. Todo aquello que un potencial comprador valorará positivamente, con total probabilidad, será bueno también para nosotros, aunque no vendamos la empresa. Además, a veces hay ofertas que no se pueden rechazar y las ventanas de oportunidad no suelen durar mucho tiempo abiertas. Nunca se sabe cuándo llegan las visitas, así que, es buena idea tener la casa siempre bien limpia y ordenada, en todos los sentidos. Es más, aunque avisen, no suele haber tiempo suficiente para poner las cosas en orden; si la casa huele a cerrado y a desorden, lo que suele pasar en cuanto asoman la vista por la puerta es que salen corriendo. Parafraseando a Oscar Wilde: «No hay segunda oportunidad para una primera impresión». Si la primera impresión es la que cuenta, más vale que estemos listos para que sea buena.

Por otra parte, si en un momento dado iniciamos un proceso de conversación con un potencial comprador, suele ser buena idea que esté pilotado por los propietarios de la compañía, probablemente, a través de su consejo de administración. Los motivos que aconsejan hacerlo así, en vez de dejarlo en manos del equipo ejecutivo, son diversos. El primero es que, en un proceso de compraventa, los intereses de unos y otros (propietarios y gestores) no tienen por qué estar alineados al 100%, y no sería la primera ni la última ocasión en que una buena operación corporativa se frustra por la intervención no dirigida de algún ejecutivo al que dicha operación no le interesa o le da miedo. El segundo motivo es que muchas de las conversaciones acaban en nada en estadios tempranos del proceso, y no es recomendable involucrar a ejecutivos hasta que las conversaciones estén avanzadas, ni hay necesidad de ello. Las operaciones corporativas suelen poner nerviosos a algunos ejecutivos (a veces con razón y otras, sin) y, además, los distraen de su responsabilidad de gestionar el día a día de la compañía. Acabarán necesariamente involucrados en el proceso, seguramente por exigencia del comprador, que querrá conocerlos y evaluarlos, pero hay que escoger el momento adecuado para implicarlos y, normalmente, cuanto más tarde, mejor.

En resumen, es mejor que las oportunidades de compra o venta se piloten desde la óptica de la propiedad. Y la mejor forma de hacerlo, cuando están bien diseñados, es a través de los órganos de gobierno corporativo.

Puede que lo que has ido leyendo a lo largo de estas páginas te parezca de lo más obvio y de puro sentido común. Sin embargo, en la mayoría de las ocasiones en que pregunto a miembros de consejos sobre los objetivos del consejo y de su modelo de gobierno corporativo, estos solo visualizan, en el mejor de los casos, algunos de los posibles objetivos que hemos visto en este capítulo; casi nunca todos ellos, y mucho menos, de forma integrada. A veces las respuestas son poco concretas y tienen relación con la función genérica de controlar o de aconsejar, pero poco más.

Por último, me gustaría terminar este capítulo haciendo referencia a algunas prácticas vinculadas a la buena gestión del gobierno corporativo que, desde una perspectiva general, deberían tenerse en cuenta, independientemente de la situación particular de cada empresa.

Sin ir más lejos, en la última reforma del *Código de buen gobierno de las sociedades cotizadas,* de junio de 2020, se pone el énfasis en cuatro aspectos que suponen retos de mejora para muchos de los órganos de gobierno de la mayoría de las empresas españolas y sobre los que merece la pena hacer introspección:

- El fomento de la presencia de mujeres en los consejos de administración.
- Una mayor relevancia de la información no financiera y la sostenibilidad.
- Una mayor atención a los riesgos reputacionales y, en general, no financieros.
- La clarificación de algunos aspectos relativos a la remuneración de consejeros.

Si todo lo que he intentado explicar en este capítulo no fuera suficiente argumento para convencer de las bondades de un buen gobierno corporativo, existe una última razón de peso para los amigos agnósticos de pensamiento crítico (entre los que me gusta pensar que me encuentro): existe una larga relación de estudios, técnicamente bien hechos e independientes, que correlacionan de forma inequívoca mejores resultados económicos (en relación a competidores) con una gestión transparente y profesional de sus órganos de gobierno. En la bibliografía incluida al final del libro se mencionan algunos de estos estudios bien documentados, pero aprovecho para compartir tres conclusiones que me parecen significativas:

1. Según la Private Company Board Compensation Survey de 2023 de Loadstone, el 91% de las empresas manifiesta haber aumentado su EBITDA (beneficio operativo, antes de impuestos, amortizaciones y depreciaciones) desde la implantación de un consejo de administración.

93

2. Las empresas con propuestas sólidas de buen gobierno tienen un retorno sobre la inversión (ROI) un 63% superior al de las que no lo contemplan, según el artículo *«ESG and financial performance. Aggregated evidence from more than 2000 empirical studies»*, de Gunnar Friede, publicado en el *Journal of Sustainable Finance & Investment* en 2015.

3. De octubre de 2020 a octubre de 2022, el índice S&P 500 ESG superó en cuatro puntos al índice S&P 500, según *«The Statista Research Department, Nov 24, 2022»*.

CAPÍTULO 4.
ÓRGANOS DE GOBIERNO: QUÉ SON Y PARA QUÉ SIRVEN

«Un buen consejo evita quedar atrapado en el "ruido" del día a día, puesto que es mayoritariamente eso».

Mellody Hobson

Los órganos de gobierno de las compañías son las herramientas a través de las cuales se instrumenta el gobierno corporativo. Suelen tomar forma de consejo y estar constituidos por un grupo de personas, con mayor o menor implicación directa en la gestión de la empresa, que la guían en busca del mejor desempeño posible. En este y en próximos capítulos, analizaremos lo que son, qué tipos existen, cómo deben fijar sus objetivos, cómo se estructuran y organizan, quién debe formar parte de ellos y cómo deben liderarse y funcionar para cumplir con su cometido de la mejor forma posible.

Normalmente, cuando se habla de órganos de gobierno, nos solemos referir al consejo, y cuando se habla del consejo, habitualmente nos referimos al consejo de administración. Sin embargo, también se dan a veces consejos asesores a los que solemos hacer referencia usando el nombre completo para distinguirlos de los consejos de administración. Además, hemos de contar con que los órganos de gobierno de una compañía también incluyen a la junta general de accionistas, la cual es de suma importancia[9].

La junta general de accionistas se reúne, al menos, una vez al año con carácter ordinario (y tantas otras veces como sea convocada de forma extraordinaria) en una asamblea en la que participan los propietarios, de manera directa o mediante representación. En ella se toman algunas decisiones muy importantes que la ley reserva para este órgano de gobierno (como la designación y composición de los órganos de administración o la aprobación de las cuentas anuales y de la gestión de los administradores), además de otras que se pueden establecer a través de pactos sociales o de los estatutos sociales. En la junta, a diferencia de lo que ocurre en el consejo de administración, donde vale lo mismo el voto de cualquiera de los consejeros (independientemente de si son accionistas o representantes de estos y de cuál sea su participación, en su caso), las decisiones se toman por mayorías que representan la participación en acciones que cada propietario ostenta como accionista o partícipe de la sociedad. Estas mayorías pueden ser simples o reforzadas, en función de las decisiones a tomar y de los acuerdos alcanzados previamente al respecto y recogidos estatutariamente o en pactos de accionistas. En cualquier caso, la junta general de accionistas ostenta el mayor poder y puede modificar, como es lógico, en última instancia la conformación del consejo de administración para que sirva a sus intereses.

---

9   En algunos países latinoamericanos, la nomenclatura varía y suele llamarse asamblea de accionistas a lo que en España llamamos junta general de accionistas y junta directiva a lo que aquí denominamos consejo de administración. Los términos concretos pueden variar en función de los países.

Consejos de administración, consejos asesores y otras formas de órganos de gobierno

Las formas más habituales de consejo para gobernar compañías son el *consejo de administración* y el *consejo asesor*.

Las sociedades de capital (sociedades anónimas o limitadas) son las formas más comunes de sociedad mercantil que se establecen para operar empresas con ánimo de lucro. Al inicio, suelen tener un administrador único. Pueden, en algunos casos y por diferentes motivos, nombrar un segundo administrador mancomunado, pero nuestro actual ordenamiento jurídico obliga a las sociedades anónimas (no así cuando se trata de limitadas) a constituir un consejo de administración en el caso de que haya un tercer administrador o más. También es obligatorio cuando así se recoge en los estatutos sociales y, siempre, para las sociedades cotizadas en los mercados de valores[10]. Por lo tanto, el *consejo de administración* es el órgano de gobierno más extendido y sobre el que centraré la mayor parte de este capítulo y, en general, del libro.

En otro tipo de organizaciones (por ejemplo, fundaciones o asociaciones), el marco regulatorio establece otros órganos de gobierno análogos, pero con especificidades que no entraré a valorar ya que se trata de casos menos frecuentes

---

10   En 2023, Bolsas y Mercados Españoles (BME) lanzó un nuevo servicio Scale para permitir cotizar a compañías de tamaño relativamente reducido, pero con modelos de negocio probados y en crecimiento sostenido. Uno de los requisitos para poder cotizar a través de Scale es que la compañía tenga un consejo de administración como órgano de gobierno, lo cual es un indicador de que los inversores y el regulador prefieren un órgano colegiado de gobierno a la concentración de poder, y de riesgos asociados, en un administrador único.

97

y a los que, en cualquier caso, aplican también los mismos principios básicos de buen gobierno.

En cuanto a las empresas familiares, puede ser muy recomendable establecer órganos de gobierno específicos y adicionales, como el consejo de familia o la asamblea familiar, a los cuales dedicaré un capítulo completo del libro.

El consejo asesor

A diferencia del consejo de administración, el consejo asesor *(Advisory Board)* no es un órgano de gobierno pensado para tomar decisiones formales ni en el que sus miembros asuman, *a priori*, una responsabilidad personal por su participación. Al menos, no formalmente ni en primera instancia. Como su nombre indica, su función es la de aconsejar, más que supervisar, controlar o tomar decisiones.

Como consecuencia del endurecimiento de las condiciones de responsabilidad que afectan a los consejos de administración y a sus miembros, es cada vez más frecuente la constitución de consejos asesores, cuyos miembros tienen una función meramente consultiva.

Al tratarse de una forma de órganos de gobierno opcional, recomendable en muchas ocasiones, pero no obligatoria, su regulación es mucho más laxa. Se utiliza ampliamente tanto para empresas como para organizaciones de todo tipo, incluidas las fundaciones, las asociaciones, las ONG e incluso gobiernos e instituciones gubernamentales de toda índole.

En el caso de las empresas, en muchas ocasiones son órganos consultivos permanentes y complementarios al consejo de administración. Pero también pueden constituir una buena fórmula transitoria, como proceso intermedio hacia la implantación de un consejo de administración cuando este todavía no existe y hay voluntad de instaurarlo, ya que se trata de un órgano con menos restricciones y en el que se puede ensayar con mayor flexibilidad. Especialmente en este caso, cuando diseñamos un consejo asesor como paso intermedio para llegar a constituir un consejo de administración, la mayoría de las reflexiones respecto a los objetivos y la forma de funcionar referidas a los consejos de administración son perfectamente aplicables, a pesar de que su estatus sea formalmente solo consultivo.

Los consejos asesores pueden ser también una fórmula más barata y eficaz para atraer talento al gobierno de la compañía, especialmente cuando el principal objetivo es apoyar desde una posición de *sparring* o recomendación, y no tanto desde la toma de decisiones. Sin embargo, su capacidad de impactar en la compañía y en sus resultados se limitará a su capacidad para influir, pero no se producirá directamente a través de la toma de decisiones. A veces, esta tipología de consejo puede influir negativamente en el grado de implicación y compromiso de los consejeros, pero, como digo, puede ser un buen vehículo transicional a modo de ensayo como paso previo a conformar un consejo de administración o un buen instrumento complementario de carácter permanente cuando las funciones están bien definidas y distribuidas entre ambos tipos de consejo.

El consejo de administración

Se trata de un órgano formal de gobierno colegiado, cuyos miembros actúan de forma mancomunada y están sometidos a lo dispuesto en los estatutos de la sociedad y al marco regulatorio específico (básicamente, la legislación societaria y mercantil y, en particular, la Ley de Sociedades de Capital y el Código de Comercio).

Es el foro de debate y de toma de decisiones donde se encuentran representados los gestores de la compañía, los accionistas no vinculados a la gestión (o sus representantes) e, idealmente, consejeros independientes. Su principal cometido es liderar la empresa al máximo nivel, es decir, llevar las riendas de la compañía, decidir a dónde se quiere llegar y asegurar que se hace de forma rentable y velando por los intereses de los accionistas y del resto de grupos de interés, en coherencia con los principios de buen gobierno que hemos analizado en el capítulo anterior.

En el capítulo en el que trato el liderazgo de los órganos de gobierno profundizaremos en algunas reflexiones sobre el poder, su uso y sus consecuencias. En cualquier caso, como reflexión previa vinculada al poder, pienso que un consejo de administración puede ser una muy buena herramienta para diluir o ceder parcialmente el poder formal y buscar un equilibrio o contrapeso de poder que limite el riesgo de tomar decisiones equivocadas que podrían tener un fuerte impacto. Los órganos de gobierno colegiados, como los consejos de administración, son una buena herramienta en este sentido, ya sean consecuencia de una cesión voluntaria de poder por parte del accionista de control o como imposición de una junta de accionistas que prefiere ver cómo las decisiones relevantes se toman conjuntamente, en equipo, en lugar de concentrar el poder en una sola persona.

Esto es especialmente importante en momentos como los que estamos viviendo, en los que la incertidumbre, la complejidad y los múltiples nuevos frentes que se abren en forma de retos para las compañías hacen que sea necesaria la conjunción de la suma de experiencias y conocimientos bien gestionados para poder tomar decisiones acertadas en los órganos de gobierno.

El consejo como instrumento de apoyo al primer ejecutivo

Otra gran oportunidad que suponen los consejos es la de apoyar y acompañar al primer nivel ejecutivo de la organización y, en especial, al CEO o al fundador de una compañía. Es bien sabido el reto que en muchas ocasiones supone la soledad para el primer ejecutivo, sea este un profesional contratado para dirigir la compañía o un emprendedor propietario. La persona que está en lo más alto de la pirámide organizativa, casi por definición, se encuentra sin «iguales» dentro de la empresa con los que departir y en los que apoyarse. Cuando escribo esto, me viene a la cabeza un emprendedor al que conocí y que decía: «Yo no necesito gente que piense, para eso ya estoy yo... Solo necesito manos que hagan lo que yo digo». Cuando encuentro personas con este perfil, mi recomendación es que, si pueden evitarlo, no intenten construir un consejo. Es mejor que actúen como administradores únicos y que no pierdan el tiempo y el dinero rodeándose de personas que les dirán lo que creen que quieren oír. Solo cuando uno está convencido de que bien acompañado tomará mejores decisiones, tiene sentido impulsar la creación de un consejo bien diseñado.

El Consejo puede ser una muy buena fuente de inspiración y apoyo cuando se dan las siguientes tres circunstancias de forma simultánea:

1. Los miembros del consejo tienen la empatía adecuada.

   Este punto tiene mucho que ver con alguna de las necesarias competencias de los consejeros que desarrollaré más tarde: tener la capacidad de ejercer una verdadera escucha activa, con la voluntad real de entender y de ponerse en la piel del CEO y sus circunstancias. Esto es imprescindible para entender los verdaderos retos que afronta y para poder apoyarle de forma certera y constructiva. Si los consejeros no son capaces de vencer sus prejuicios, apriorismos e ideas preconcebidas, si no son permeables a las informaciones y explicaciones que se introducen en los debates, no es necesario que se pierda el tiempo en supuestas discusiones que son, en realidad, «diálogos» de sordos y sucesiones de monólogos en los que no se produce una verdadera interacción. Sería suficiente con que los consejeros mandaran por escrito su posición con respecto a cada uno de los temas a tratar y no haría falta perder el tiempo en ello. Pero eso no es un consejo.

2. El marco del consejo se percibe como un foro seguro, de confianza y con la voluntad sincera de apoyar.

Si el objetivo de las intervenciones de los consejeros se convierte en ganar las discusiones (que deberían ser debates) o en defender el prestigio y el posicionamiento personal, en vez de hacer las preguntas adecuadas para generar reflexión y aportar visiones complementarias que mejoren la toma de decisiones, las cosas no irán bien. El consejero podrá ganar la pelea, aprovechando tal vez su posición de poder, pero no habrá colaborado a enriquecer el debate ni a tomar una mejor decisión, ni mucho menos, a fomentar el espíritu de equipo en el que se producen las mejores contribuciones por parte de todos. Solo cuando existe un verdadero marco de confianza, en el que los componentes del equipo (independientemente de su posición y rol) se sienten seguros, las personas pierden el miedo a sentirse vulnerables y comparten toda la información necesaria para debatir los asuntos con verdadero conocimiento de causa. Solo cuando la percepción de apoyo real es superior al miedo a un ejercicio arbitrario del poder y sus consecuencias, se genera la apertura suficiente para que la información se comparta con transparencia y los debates sean de calidad.

Conozco a alguien que, como técnica intimidatoria y táctica para imponer su criterio, pregunta y pregunta, entrando cada vez en mayor detalle, hasta que el interlocutor no tiene respuesta o no sabe contestar. Si el interpelado (más bien, interrogado) no percibe el intento de manipulación de que quien pregunta pretende atribuirse una superioridad que en realidad no tiene, puede acabar encontrándose en una perturbadora situación de debilidad que le hará perder la discusión. Pero ganar un debate por dialéctica no implica que esta haya sido de calidad ni que la decisión que se tome sea la adecuada. Por otra parte, el hecho de que la situación se produzca en presencia de otras personas, como ocurre en los consejos, no contribuye tampoco en absoluto a crear el ambiente de confianza necesario.

Para quien tenga interés en profundizar en los mecanismos que construyen la confianza entre personas, sugiero echar un vistazo al estudio llamado *«Trust»* («Confianza»), de Esteban Ortiz-Ospina, publicado 2016 en OurWorldInData.org.

3. El primer ejecutivo es receptivo y sus inseguridades no le empujan a envolverse en una capa de falsa seguridad y adoptar una actitud defensiva.

Sin los dos puntos anteriores, este tercero se hace muy difícil. Pero, aun contando con los dos anteriores, el CEO debe tener la suficiente confianza en sí mismo como para no sentir las discrepancias como ataques a su profesionalidad o, peor aún, personales. Cuando ese sentimiento genera actitudes con frecuencia defensivas, bloquea también la posibilidad de un verdadero debate en el que se hagan aportaciones de calidad. Nadie debería pedirle a un CEO que disponga siempre de toda la información o que tenga respuestas infalibles para todo, pero el CEO tampoco debería intentar dar la sensación de que las tiene. De hacerlo, podría tratarse de un reflejo a su miedo a reconocer que no es infalible, algo que, en cualquier caso, puede llevar a situaciones peligrosas. No sería la primera ni la última vez que escucho a un CEO improvisar una respuesta por miedo a reconocer que no sabe contestar. ¿Cuáles son las consecuencias de tomar una decisión basada en este tipo de respuesta si el consejo no detecta el problema? ¿Y cuáles serán las implicaciones de detectar que un ejecutivo miente o inventa las respuestas, independientemente del motivo por el que lo haga?

Los consejeros deben ser también conscientes de que, salvo cuando la responsabilidad de tomar una decisión recae en el propio consejo, su aportación consiste en ayudar a otros a decidir de forma adecuada, contribuyendo a no cometer errores. En esos casos, la decisión corresponde a otros (seguramente, al CEO), que deben sentir la libertad de escuchar, recoger y, finalmente, tomar la decisión que estimen más oportuna y que, en cualquier caso, les corresponde, haciendo uso de su propia perspectiva, visión global y experiencia. Si los consejeros esperan que siempre se sigan sus recomendaciones, entonces, ya no se trata de un consejo, sino de órdenes e instrucciones. Como alguien que destilaba sabiduría me dijo una vez: «Los consejos son para escucharlos y después, hacer lo que te parezca. Si no, no son consejos, son otra cosa».

Además, no siempre hay uniformidad de criterio entre todos los consejeros ni consenso en la forma de ver las cosas. De hecho, es deseable que así sea. A veces el consenso es necesario, pero, en otras, la búsqueda del consenso mata los buenos debates e intercambios de puntos de vista. Se trata, en muchos casos, de dar información y de compartir experiencias y opinión cualificada, para que sea el CEO quien acabe tomando la decisión que le parezca más oportuna. La decisión del consejo será entonces, en todo caso, sustituir al CEO si nunca escucha, se equivoca demasiado a menudo y no aprende de sus errores.

CAPÍTULO 5.
LOS OBJETIVOS: ¿PARA QUÉ QUEREMOS UN ÓRGANO DE GOBIERNO?

«Los esfuerzos y el coraje no son suficientes
sin un propósito y una dirección».

John F. Kennedy

Cuando empezamos a pensar en la necesidad de constituir o mejorar un órgano de gobierno, también aparecen las primeras dudas y preguntas: ¿para qué lo quiero concretamente? ¿Para qué puede o debe servir? ¿Cómo me puede ayudar?

Los órganos de gobierno existen para gobernar las organizaciones, es decir, para tomar o ayudar a tomar las mejores decisiones con el fin de generar valor a todos sus *stakeholders* y asegurar la continuidad a largo plazo de la organización. En primera instancia, por lo tanto, se trata de guiar las actuaciones de los equipos ejecutivos para que, en su día a día, consigan alcanzar los resultados y objetivos operativos de forma alineada con el plan estratégico. Sin embargo, más allá del objetivo evidente de generar valor a través de la ejecución de unos planes operativos, de negocio y estratégicos, los órganos de gobierno deben prestar especial atención a aquellos ámbitos de la gestión no operativa que son responsabilidad de la propiedad de la compañía (o de la figura equiparable cuando se trata de otras organizaciones como fundaciones, ONG, etc.).

La idea es que todos los miembros de un determinado órgano de gobierno compartan una misma visión de los objetivos que este fija como órgano colegiado. Puede ser a modo de «alianza fundacional», si el consejo se crea en ese momento, o compartiendo los objetivos con aquellos nuevos miembros que se incorporan a un órgano ya en funcionamiento para que puedan adherirse al compromiso del grupo. Estos objetivos deberían conformar el marco de actuación para todo lo que se debata y decida en el seno del consejo. No se trata de «qué» se hace en el consejo (esto lo veremos dentro de un par de capítulos, cuando reflexionemos sobre las funciones) sino de «para qué» lo hacemos y, por lo tanto, esto está íntimamente vinculado a los ámbitos de actuación del buen gobierno estratégico y corporativo que vimos en el capítulo 3. De hecho, se trata más bien de dar peso a lo largo del tiempo a cada uno de esos ámbitos y de que esta definición de objetivos que evoluciona en el tiempo esté clara para todos los miembros del grupo y guíe la actuación de los órganos de gobierno. Por desgracia, quizá exagerando un poco, pero no demasiado, como diría el presidente de un consejo en el que serví hace ya muchos años, «se cuentan con los dedos de una oreja» los órganos de gobierno en los cuales todos sus miembros están alineados alrededor de una visión compartida acerca de para qué están ahí.

El peso de los diferentes objetivos. Dónde y cómo ponemos el foco
. . . .

Este tema es especialmente importante cuando disponemos de varios órganos de gobierno para una misma compañía (por ejemplo, un consejo de administración y un consejo asesor). Se podría cuestionar que incluyamos al consejo asesor en la categoría de órganos de gobierno, ya que, en un sentido estricto, los consejos asesores no toman decisiones y, por lo tanto, podría considerarse que no «gobiernan», al menos directamente (aunque su poder estriba en la ascendencia que tienen para influir en las decisiones de los decisores o del decisor). No obstante, yo prefiero considerarlos un órgano de gobierno *de facto,* puesto que su capacidad para influir en el futuro de la compañía, aunque no sea tomando decisiones de forma directa, es equivalente a la de los estamentos que sí deciden. De hecho, sentirse liberados de la responsabilidad de tomar esas decisiones tiene implicaciones muy relevantes. Por ejemplo, tanto para lo bueno como para lo malo, es mucho más fácil ser osado y correr riesgos cuando se trata «solamente» de aconsejar y no eres tú quien tiene que tomar las decisiones y responder por ellas.

Acotar con sentido los ámbitos de actuación de cada órgano de gobierno, y gestionar con inteligencia los solapes que se produzcan, será muy importante para evitar contradicciones y situaciones de desgaste en las que los «vectores de fuerza» tensan excesivamente el gobierno de la compañía estirando en direcciones divergentes.

También desde una perspectiva interna de cada órgano de gobierno, independientemente de que solo tengamos uno de ellos, es muy importante ser conscientes de dónde ponemos el foco. No es suficiente con una simple declaración de intenciones respecto a lo que es más importante y lo que no lo es tanto.

Cuando se diseña un órgano de gobierno, es esencial definir claramente los objetivos y, con el mismo grado de importancia, el peso que damos a cada uno de ellos en comparación con los demás. La prueba de fuego consistirá, más tarde, en monitorizar el tiempo que asignamos a los temas relacionados con cada uno de los objetivos y el tiempo que efectivamente acabamos dedicando a cada uno de ellos frente al resto (tanto en las reuniones de los consejos como en la preparación y el trabajo posterior a cada uno de ellos). Cuando se revisa a qué se ha dedicado de hecho el tiempo y, por lo tanto, dónde se ha puesto realmente el foco, la realidad suele estar desagradablemente desalineada con las intenciones originales. Para asegurar que ponemos el foco en lo que de verdad queremos, fijar objetivos medibles y evaluar su consecución de forma periódica también ayuda.

Por supuesto, el peso que se dé a cada uno de los objetivos dependerá en gran medida del tipo de propiedad de la compañía. Por poner dos ejemplos casi diametralmente opuestos: no es lo mismo si la propiedad corresponde a una familia de quinta generación de un negocio consolidado que piensa en preservar el patrimonio y crear valor a largo plazo para continuar con el legado a las siguientes generaciones (en cuyo caso, la estrategia a largo plazo será un tema central) que si la propiedad corresponde a un fondo de capital riesgo cuyo horizonte a corto o medio plazo consiste en recoger plusvalías a través de un proceso de *turn-around* en el que haya que «dar la vuelta» a la cuenta de resultados (en cuyo caso, lo central será seguramente la toma de decisiones, el control y la supervisión de las operaciones). No estoy diciendo que alguno de los seis posibles objetivos que veremos a continuación no sea relevante en cualquiera de los casos, sino que el peso del foco será distinto en cada uno de ellos dependiendo de la situación y el perfil de la propiedad.

Además, el momento del ciclo de vida de la compañía es importante a efectos de considerar cuándo y en qué factor poner el foco desde la perspectiva del gobierno corporativo. Un negocio recién iniciado deberá centrar su atención en lo esencial para sobrevivir, tomar una posición en el mercado y conseguir éxitos sobre la base de su aportación de valor esencial a sus clientes. El gobierno estará habitualmente concentrado en una única figura de emprendedor, que reunirá una serie de competencias esenciales para arrancar un negocio con éxito: la visión de la oportunidad, la energía y la automotivación, el liderazgo para movilizar recursos y personas alrededor de una idea de negocio, etc. Una vez que el negocio crece y consolida una cierta dimensión y cierto éxito, la compañía afronta otro tipo de retos. Entre ellos, destacan algunos de gobernanza para los que el emprendedor exitoso no suele estar, en principio y por diferentes motivos, necesariamente cualificado.

Esto es lo que mi antiguo profesor de la Stanford Business School, Geoffrey A. Moore, denomina «cruzar el abismo» (un concepto desarrollado ampliamente en su libro *Crossing the Chasm,* 1991), en el que muchas compañías inicialmente exitosas se despeñan con graves daños, a veces mortales. Solo aquellas compañías que son capaces de evolucionar en sus capacidades y de adaptarlas a las necesidades de una nueva dimensión organizativa son capaces de superar este «abismo» y seguir creciendo (hasta llegar a un tamaño en el que volverán a necesitar evolucionar para adaptarse a retos de otra índole). Para que esto ocurra, es necesario que el empresario emprendedor que ya ha alcanzado cierto éxito no cometa lo que a mí me disgusta llamar el «pecado de la arrogancia del éxito». Solo aquellos emprendedores con la suficiente inteligencia y humildad (o flexibilidad) intelectual para dejarse acompañar por personas con capacidades complementarias y necesarias para afrontar las siguientes etapas de crecimiento suelen seguir creciendo con fuerza y tener continuidad en su éxito (el cual, de otra forma, puede ser efímero). En uno de los pasajes del libro testimonial y autobiográfico de

Manuel Estiarte titulado *Todos mis hermanos,* el mejor water-polista español y uno de los más grandes deportistas de la historia de España explica que, mientras él era el jugador del equipo que más goles metía, «solo» llegaron a conseguir la medalla de plata en los Juegos Olímpicos de Barcelona 92 en una mítica final contra Italia. Y no fue hasta que el resto del equipo empezó a meter más goles que él cuando, cuatro años después, consiguieron el oro en Atlanta.

Cuanto mayor es el casco del buque, mejor se afronta la marejada. Sin embargo, también es cierto que cuanto mayores son el crecimiento, la diversificación y la internacionalización de las compañías, mayores son los riesgos de todo tipo que afrontan, algunos de ellos, con serios impactos desde la perspectiva operacional, pero también legal y reputacional. Para asegurar el éxito y minimizar los riesgos, la necesaria profesionalización que acompaña al crecimiento también debe reflejarse en los órganos de gobierno. Y más vale empezar a tiempo. Siempre es mejor que llegar tarde, cuando ya tenemos el problema encima y hay prisa por resolverlo o, en el peor de los casos, cuando ya es demasiado tarde.

Después de muchos años participando en órganos de gobierno, y ayudando a diseñar e implantar muchos otros, he llegado a la conclusión de que, en términos generales, los objetivos de buena gobernanza que mejor defienden la generación de valor a largo plazo para los accionistas y que, por ende, deben guiar la actuación de los consejos pueden agruparse, como ya se ha explicado ampliamente en el capítulo 3, en seis epígrafes:

1. Dotar a la organización de una estrategia corporativa adecuada.
2. Desarrollar la cultura corporativa que impulse y permita llevar a cabo la estrategia.

3. Asegurar que se atiendan los intereses de todos los *stakeholders*.
4. Velar por el cumplimiento de los resultados y realizar una asignación de recursos alineada con la estrategia corporativa y de negocio.
5. Identificar y evaluar los riesgos y las oportunidades corporativos para diseñar planes para su correcta gestión y mejorar la resiliencia corporativa.
6. Aprovechar las oportunidades del mercado de operaciones corporativas (M&A).

En el ejemplo de la siguiente figura, podemos ver cómo el peso relativo que se asigna a cada uno de los diferentes objetivos de gobierno corporativo evoluciona en el tiempo. En este caso concreto, los propietarios de la compañía habrían decidido que el foco de gobernanza inicial se centre en el ámbito estratégico y, con menor peso relativo, en la gestión de riesgos y en el resto de los objetivos (salvo la atención a las oportunidades del mercado de M&A, a las que no se prevé empezar a prestar atención hasta algo más tarde). Si observamos el gráfico que muestra la evolución de los pesos relativos, podemos inferir una hipótesis sobre la situación de la compañía en el momento en que diseñó sus objetivos de gobernanza. De hecho, este ejemplo corresponde a un caso real en el que la compañía necesitaba definir su estrategia corporativa, pero, a la vez, tenía que prestar atención a ciertos riesgos corporativos que se habían infravalorado hasta el momento. La cultura corporativa, aun siendo también de vital importancia, pasa a un segundo plano hasta haber definido la estrategia y poder reevaluar la cultura en concordancia a esta. En el otro extremo, la decisión fue no empezara a prestar atención al mercado de M&A hasta que el resto de los objetivos, especialmente la estrategia, no estuvieran al menos enfocados y sirvieran de guía para valorar de qué manera tenía más sentido acercarse al mercado de operaciones corporativas.

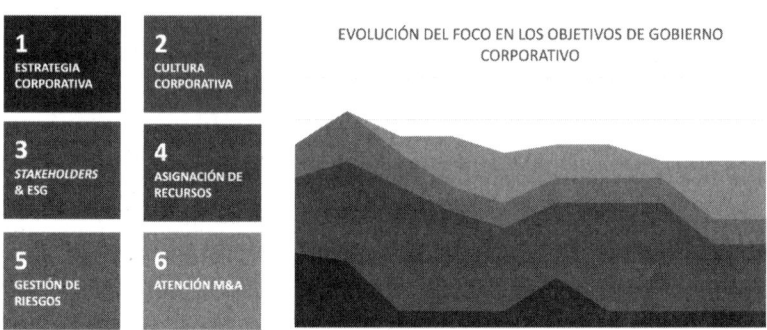

Ejemplo de objetivos de un Consejo de Administración y su evolución a lo largo del tiempo.

Como apunte final, es cierto que, en algunas ocasiones, he visto incluir entre los objetivos del consejo la generación de negocio, incorporando al mismo personas que tienen experiencia en ventas, expansión y desarrollo de negocio, las cuales suelen contar, además, con una amplia red de contactos y capacidad de prescripción en el sector de la compañía. El hecho de no incluir este objetivo entre los fundamentales se debe a que, a diferencia de los seis analizados, este puede hacerse igual de bien, o mejor incluso, a través de otras fórmulas sin distorsionar el funcionamiento de los órganos de gobierno. En cualquier caso, cuando este es el objetivo principal, lo habitual es que se instrumente a través de un consejo asesor con un enfoque claramente comercial.

CAPÍTULO 6.

LA ESTRUCTURA DE LOS ÓRGANOS DE GOBIERNO

«El modo en que se conforma un espacio implica en gran medida la conciencia de las posibilidades de la luz. Los medios que conforman un espacio implican ya que la luz penetra en él, y la elección misma de la estructura es al propio tiempo la elección del tipo de luz que se desea».

Louis Isadore Kahn

En este capítulo, nos centraremos en comprender cómo se debe estructurar y organizar un consejo de administración para que cumpla con sus cometidos en función de cuáles son los objetivos definidos y de la idiosincrasia de la organización a la que sirven.

Sin embargo, antes de analizarlo, hagamos una reflexión sobre la gestión de la complejidad que aplica a la estructuración y organización de los órganos de gobierno como sistema de gobernanza.

La diversificación y la gestión de la complejidad

En los grupos empresariales diversificados (bien sea territorialmente o por la diversidad de negocios y actividades) o con estructuras societarias complejas, la estructuración de los órganos de gobierno y el desarrollo de su actividad se complican, a veces sobremanera. En estos casos, una fórmula relativamente habitual es contar con un consejo corporativo y con diferentes consejos para cada unidad de negocio (o grupo de unidades de negocio o territorios). Asimismo, es recomendable que uno o varios de los miembros del consejo corporativo[11] tengan presencia en los consejos de las diferentes unidades de negocio, aunque estos suelen incorporar también a otros miembros en su condición de ejecutivos de la unidad de negocio y también a otros consejeros externos con perfiles acordes a los retos específicos de cada una de ellas (desarrollaremos este punto con mayor detenimiento en los siguientes capítulos).

Cuando se trata de grupos con una alta dispersión territorial, que desarrollan su actividad en diversas regiones donde las diferencias culturales son relevantes, también es importante valorar cómo les damos cabida y representación a todas ellas a través de la incorporación de consejeros de los diferentes territorios con suficiente representatividad. Este, al menos, debería ser un factor a tener en cuenta cuando valoramos la dimensión de los consejos y los perfiles de las candidaturas para cubrir los puestos de consejeros. Profundizaremos sobre este último aspecto en el capítulo 9, donde reflexionaremos sobre el perfil ideal de los consejeros, que varía en función de los retos que estos afrontan.

---

11   Utilizo el término «corporativo» para referirme a un órgano de gobierno que, desde la perspectiva estratégica y de negocio, asume un papel de visión global, integradora cuando es necesario, de las diferentes unidades de negocio de las distintas compañías de un grupo empresarial. No lo empleo, como a veces ocurre o se interpreta, para referirme a una estructura societaria *holding* cuya utilidad es meramente mercantil o fiscal.

Otro aspecto a valorar para decidir la mejor estructura de órganos de gobierno en grupos diversificados es el momento en el que se encuentra cada uno de los negocios, así como el grado de implicación en la gestión que deseamos asumir. Por ejemplo, no suele ser lo mismo si, en el caso de las sociedades participadas, tenemos una mayoría de control o no, o si los negocios participados tienen claras sinergias y afinidades con nuestros negocios *core* o bien, son inversiones meramente financieras o con la intención principal de diversificar el riesgo y las oportunidades, pero donde la responsabilidad de la gestión recae en manos de otros accionistas.

En algunas ocasiones, también vemos consejos de «doble capa», en los cuales se diseña una estructura de dos órganos de gobierno con enfoques distintos que permiten optimizar el uso de los recursos (tiempo y talento) dándole un prisma más «cerrado» a cada uno de ellos. Por ejemplo, a veces encontramos un consejo enfocado en supervisión y control, y otro más centrado en aspectos de direccionamiento estratégico y de negocio. Esto permite diseñar la conformación de ambos grupos con perfiles de miembros más especializados, a costa de perder amplitud y contraposición de visiones complementarias en cada uno de los foros.

En el caso de las empresas familiares, donde la familia extendida constituye un tercer grupo de interés (adicional, aunque pueda solaparse, a la propiedad y a los gestores), puede tener sentido pensar en la conveniencia de disponer de un consejo de familia que ayude a alinear los intereses de la familia empresaria con los del resto de grupos de interés (el propio consejo de administración y el consejo asesor, en su caso, otros accionistas no familiares o incluso directivos de la compañía). Este tipo de consejo también puede jugar un papel crucial a la hora de ayudar a las familias empresarias a lidiar con retos como la sucesión por parte de familiares en los órganos de gobierno, la inducción de interés por los asuntos de la empresa familiar en las siguientes generaciones, el diseño de un protocolo familiar que establezca las reglas de juego asociadas a todos los retos que atañen a este tipo de familias, la capacitación de los familiares no vinculados a la gestión para comprender la complejidad de la gestión empresarial, el diseño de una estrategia familiar y patrimonial con relación a los negocios familiares, etc., protegiendo así los intereses tanto de la compañía como de la propia familia.

En este tipo de consejos, es especialmente relevante que sus miembros tengan experiencia afín y una especial sensibilidad por la idiosincrasia de compañías de esta índole (familiares) y familias (empresarias), así como unas sólidas competencias en el ámbito de la gestión de las relaciones interpersonales (empatía, escucha activa, paciencia, ética personal, habilidad política, etc.). Desarrollaré estos aspectos específicos de las empresas familiares con mayor profundidad en el capítulo 13 («Órganos de gobierno en la empresa familiar»).

Estructuración interna (roles, y comisiones y grupos de trabajo)

En cuanto a la estructuración interna de los consejos de administración, existen diferentes roles formales que han de ser desempeñados por personas concretas o por comisiones y grupos de trabajo creados *ad hoc*. Empecemos por analizar los diferentes roles que pueden asumir los miembros de un consejo de administración:

– *Presidente del consejo.* El rol más importante y evidente, en cuanto a gobierno, es el del presidente del consejo. En el capítulo dedicado al liderazgo, profundizaremos en este aspecto fundamental que atañe al presidente de cualquier órgano de gobierno. Salvo que se trate de un mero título honorífico o emérito, es, en última instancia, el responsable del buen funcionamiento del consejo, independientemente de que se trate de un presidente también ejecutivo.

La dinámica de interacción con los accionistas y los gestores es completamente diferente cuando se trata de un presidente ejecutivo o no ejecutivo. Los presidentes ejecutivos constituyen la parte implicada directamente en los resultados operativos de la compañía, como primeros ejecutivos que son. Un presidente no ejecutivo, sin embargo, puede jugar un interesante, y a veces complicado, rol de «bisagra» entre el primer ejecutivo y los propietarios. La experiencia demuestra que, en general, es más sencillo establecer una buena dinámica entre accionistas, consejo y gestores cuando la figura del presidente no coincide con la del primer ejecutivo de la compañía y sus funciones están claramente diferenciadas.

El presidente, sea o no ejecutivo, debe impulsar y liderar el correcto desarrollo de las reuniones y de sus correspondientes dinámicas (también previas y posteriores) para que el grupo de consejeros actúe como un equipo de alta rendición y se cumplan los objetivos del consejo con la máxima eficacia y eficiencia.

Le corresponde, por tanto, definir el contenido de la agenda de las reuniones y la adecuada moderación y dinamización de los debates. En este sentido, es esencial que se asegure de conseguir y mantener un clima de respeto, en el que se puedan preguntar y debatir las cuestiones, sin esconder las tensiones y manteniendo para ello, si es necesario, interacciones individualizadas con los diferentes consejeros. Esto contribuye a debates profundos y enfocados en los verdaderos retos a trabajar por parte del consejo. Posteriormente a la celebración de las sesiones de consejo, el presidente debe garantizar que se lleve a cabo un adecuado seguimiento de los acuerdos tomados en sede del mismo.

Asimismo, le corresponde dar dirección al consejo y asegurar una buena interlocución con el resto de los grupos de interés, especialmente, la junta general de accionistas y los propios accionistas.

Obviamente, el presidente puede delegar y apoyarse en otras personas para llevar a cabo sus responsabilidades, sean miembros formales o no del consejo. En algunos países, es común la figura del consejero coordinador, desempeñada por uno de los consejeros independientes que apoya al presidente en sus funciones (en España, este rol lo asume con cierta frecuencia el secretario del consejo). En el caso del consejero coordinador, para que el rol aporte valor más allá de lo meramente protocolario, es importante que tenga poderes suficientes para dirigir el consejo cuando se dan conflictos.

En cualquier caso, es esencial entender la función de liderazgo del presidente como la de un *primus inter pares*, por la que se produce una cesión de poder para dar más peso a la función de facilitación y dinamización de los consejos. El trabajo del presidente es destilar la experiencia y el conocimiento de los consejeros y hacerlo de la forma más participativa y eficiente posible durante los debates de las reuniones de consejo. En este sentido, es fundamental la limitación de tiempos dedicados a temas protocolarios o legales, con el fin de dejar tiempo suficiente a debates de calidad sobre aspectos estratégicos o de mayor importancia en los cuales las aportaciones de los consejeros sí son diferenciales. De igual forma, debe fomentar un adecuado equilibrio entre participación y aportación de valor y apoyarse en la planificación y la socialización de los contenidos de los consejos.

– *Consejero delegado (CEO)*. Cuando no existe un presidente ejecutivo, el consejero delegado es el máximo responsable de la gestión operativa de la compañía, pero, a diferencia del director general, forma parte del consejo y suele tener delegadas en su persona gran parte de las facultades del órgano de gobierno. Es, por tanto, el principal responsable de que se ejecuten las decisiones tomadas por el consejo y, en especial, las que afectan operativamente a la compañía. El director general puede existir o no adicionalmente a la figura del consejero delegado y suele participar en los consejos como invitado, pero no forma parte de ellos como vocal.

En general, a partir de una cierta dimensión, la separación entre presidente y consejero delegado (o primer ejecutivo) es una buena práctica que ayuda a diferenciar y enfocar los roles de gobierno corporativo y dirección ejecutiva, respectivamente, en diferentes personas. Dicha separación contribuye a un adecuado equilibrio de poder, mejora la rendición de cuentas y refuerza la capacidad del consejo para tomar decisiones con independencia de la dirección ejecutiva. Según la investigación *«Corporate Governance and Firm Performance»* («Gobierno corporativo y desempeño de la empresa»), publicada en la *Journal of Corporate Finance*, la separación entre CEO y presidente se correlaciona significativamente de manera positiva con un mejor desempeño operativo presente y futuro.

En caso contrario, cuando el presidente y el consejero delegado son la misma persona, es recomendable (obligado para sociedades cotizadas) nombrar un consejero coordinador (o consejero principal) de entre los consejeros independientes. Esta figura actuará como coordinador de los consejeros externos y como nexo entre el consejo y el presidente, y será consultado por este último para la elaboración del orden del día de las sesiones. Asimismo, dirigirá el proceso de evaluación del presidente, presidirá la comisión de nombramientos y retribuciones y las reuniones de consejeros no ejecutivos e independientes y sustituirá al presidente en caso de ausencia o incapacidad para el cumplimiento de sus funciones.

– *Secretario del consejo.* La secretaría del consejo se ocupa de la elaboración formal de las convocatorias de los consejos y de la elaboración de las actas. Puede también coordinar y supervisar la puesta a disposición de los consejeros de la información y la documentación necesaria para la preparación de las reuniones de consejo y suele custodiar la documentación y los libros oficiales de la sociedad. Se ocupa, además, de la inscripción registral de los acuerdos que lo requieran y de la emisión de los certificados acreditativos de las decisiones tomadas.

En muchas ocasiones, el secretario del consejo es un abogado que desempeña también la función de letrado asesor del consejo, asesorando en derecho y sobre la legalidad de las decisiones adoptadas y velando por el cumplimiento de las diferentes normativas, en especial, de las referentes al funcionamiento de los órganos de gobierno. En ocasiones, también asume un importante rol en el impulso de buenas prácticas de gobierno corporativo, llegando a apoyar al presidente y al consejo en su conjunto en la dinamización de las sesiones e incluso en la gestión de las relaciones entre sus miembros.

El secretario puede ser, simultáneamente, un vocal del consejo con voto o, en su defecto, un miembro no consejero (con voz, pero sin voto) del órgano de gobierno.

En mi opinión, el secretario del consejo es una figura clave a la que suele prestarse menos atención de la debida. Habitualmente, cuando esta posición es ocupada por una persona «potente», con formación legal, pero, a la vez, familiarizada con las claves del negocio y con experiencia en participación en órganos de gobierno bien diseñados, las dinámicas y el equilibrio de formalidad de los consejos mejoran. Que el secretario no sea consejero, en general, hace más fácil su función y evita riesgos derivados de potenciales conflictos de interés que pueden interferir en ella. No tener que tomar partido en caso de votación permite al secretario centrarse en su papel como tal y facilita, aunque no garantiza, que sea percibido por parte de todos como una figura que juega un rol ecuánime y equidistante en beneficio del conjunto del órgano de gobierno.

Tanto en el caso del presidente como del secretario, es práctica habitual el nombramiento de vicepresidente/s y de un vicesecretario, respectivamente, que puedan actuar en sustitución de los primeros por ausencia o imposibilidad del ejercicio.

Una vez vistos los diferentes roles más habituales que, además del propio como vocal del órgano de gobierno, pueden asumir los consejeros de forma individual, analicemos las diferentes comisiones y grupos de trabajo que pueden constituirse como forma de organización interna de los consejos para mejorar su gestión.

Comisiones y grupos de trabajo

Los consejos de una cierta dimensión suelen apoyarse en determinadas comisiones consultivas para el cumplimiento de sus funciones.

Es una buena práctica mantener la dimensión y la estructura de los órganos de gobierno y las comisiones lo más sencilla posible y ajustada a las dimensiones y complejidad de la organización a la que sirven. En caso de constituir comisiones, hay que evitar que estas se vuelvan burocráticas y se dediquen a emitir informes y reportes en vez de hacer que las cosas pasen. Sin embargo, una vez dicho esto, añadiré algo que puede sonar contraintuitivo: a veces, sumar cierta complejidad en forma de comisión o grupo de trabajo puede hacer que las cosas sean más sencillas. El tiempo disponible para dedicar a las reuniones de consejo y su correspondiente preparación previas es limitado y, en ocasiones, cuando se pretende tomar decisiones sobre demasiados asuntos, no hay tiempo suficiente para profundizar el mínimo necesario en el análisis y el debate pertinentes para tomar decisiones bien fundamentadas. Si están bien diseñados, las comisiones y los grupos de trabajo pueden abordar con la profundidad necesaria algunos asuntos y elevar propuestas bien trabajadas y argumentadas que, de otra forma, no podrían analizarse adecuadamente en el consejo por falta de tiempo. Hay que saber valorar adecuadamente el *trade-off* entre amplitud y profundidad que debe determinar la cantidad de asuntos a tratar en los órganos de gobierno y los recursos que se dedican para hacerlo. En ciertas situaciones, una buena comisión o un buen grupo de trabajo compensa con creces el coste asociado a los mismos. En otras, en cambio, solo añadirá valor marginal a cambio de más trabajo y complejidad que no compensan. Parte de una buena estructuración interna de los órganos de gobierno depende de este análisis, que debe hacerse a medida de cada caso y con la consciencia de que la situación que aconseja una mayor o menor complejidad interna puede variar con el tiempo tanto en un sentido como en otro.

En cualquier caso, la legislación es la misma para todas las compañías, independientemente de su tamaño. Por lo tanto, entender cómo funcionan y la razón de ser de estos órganos, algunos de ellos obligatorios en empresas de tamaño considerable como las compañías cotizadas, ayuda a trasladar las mejores prácticas a compañías de menor tamaño, lo cual, insisto, debe hacerse en cualquier caso ajustando y reduciendo al máximo posible los requerimientos burocráticos y de estructura. Lo más probable, por ejemplo, es que una pequeña y mediana empresa (PYME) no necesite (o no pueda permitirse) más que un único órgano de gobierno, sin ningún tipo de comisión específica, y que este sea por sí solo suficiente durante mucho tiempo.

Las comisiones y los grupos de trabajo ponen el foco en aspectos concretos y están formados por personas con una mayor experiencia técnica relacionada con los ámbitos de actuación que les son encomendados. Deben tener un presidente que los lidere y normalmente se constituyen con consejeros no ejecutivos, preferiblemente independientes, con perfiles ajustados a las necesidades técnicas de la comisión. Pueden apoyarse o completarse con miembros externos no consejeros, los cuales pueden ser personal ejecutivo de la compañía o asesores externos que suelen participar como invitados aportando visión externa experta e independiente y, a veces, elaborando informes *ad hoc* que son la base de trabajo de la comisión o el grupo de trabajo.

Para su correcto funcionamiento, es importante que las comisiones y los grupos de trabajo tengan, además de los recursos necesarios para llevar a cabo sus responsabilidades, un mandato claro por parte del consejo, que se fijen unos objetivos concretos y unos procedimientos de trabajo y que se reporte periódicamente al consejo sobre los avances y el grado de consecución de los objetivos fijados.

Las comisiones suelen tener carácter permanente. En cambio, cuando tratan asuntos que, una vez han sido resueltos, no requieren revisión o seguimiento intenso, por lo general, se constituyen grupos de trabajo que se disuelven cuando han cumplido con su cometido. Las comisiones tienen una mayor carga normativa en sus reglas de funcionamiento y obligaciones de *reporting*, por lo que los grupos de trabajo pueden suponer una opción menos burocrática cuando la comisión no es obligatoria.

A continuación, describiré las funciones de las comisiones permanentes que pueden llegar a establecerse. La lista es bastante exhaustiva, aunque sería posible constituir comisiones acotadas a cualquier ámbito que el consejo considere oportuno, y no pretendo insinuar en ningún caso que deban constituirse todas ellas. De hecho, es difícil encontrar consejos en los que haya más de tres o cuatro comisiones constituidas. El número de comisiones suele ser, como máximo, de dos o tres, que cabría complementar con algunos grupos de trabajo. En algunos casos, para simplificar, los ámbitos de actuación de dos comisiones distintas se recogen en una única comisión fusionada (por ejemplo, integrando dentro de una sola comisión las funciones de auditoría, cumplimiento normativo y gobierno corporativo). En definitiva, la relación de comisiones y contenidos que desarrollo a continuación debería considerarse más como una fuente de ideas que como una recomendación para constituirlas (salvo cuando estas son obligatorias, algo que ocurre, como decíamos, con algunas de ellas en las sociedades cotizadas).

– *Comisión delegada.* Se trata de un órgano colegiado de tamaño reducido en el que los consejos muy numerosos suelen delegar parte de sus funciones en aras de la eficiencia y la agilidad en la toma de decisiones. La conforman un subgrupo de consejeros que tienen flexibilidad para reunirse con mayor frecuencia que el consejo en pleno y que hacen un seguimiento y dan apoyo al equipo de gestión con mayor cercanía.

La comisión delegada puede ser también, además de un mecanismo de eficiencia para consejos excesivamente poblados, un instrumento bisagra que dote de mayor operatividad, si se desea, al consejo. Mi visión particular es que, cuando las compañías están consolidadas, el foco del consejo debe estar en el largo plazo más que en el corto (es decir, más en el direccionamiento estratégico que en la gestión operativa del día día). Sin embargo, cuando queremos dotar al consejo de cierta implicación operativa, una figura como la comisión delegada puede ser útil para no desvirtuar el foco largoplacista del consejo.

En algunas ocasiones se confunde con el comité ejecutivo (ComEx o ExCom), que está formado exclusivamente por directivos ejecutivos, entre los que se encuentra el CEO o consejero delegado. Este último sí es miembro, también, del consejo de administración y suele formar parte de la comisión delegada cuando esta existe.

– *Comisión de auditoría.* Su responsabilidad básica es la supervisión de los siguientes elementos:

1. Información financiera: control interno, gestión de riesgos, perímetro de consolidación, etc.
2. Auditoría interna: supervisión de independencia, proceso, etc.
3. Auditoría externa: interlocución con auditor externo, garantizar máxima información para formular cuentas y conocer riesgos, velar por independencia y objetividad y proponer al auditor para que el consejo lo someta a la junta general de accionistas.
4. Otras funciones como informar a la junta general de accionistas y al consejo de administración y supervisar códigos internos de conducta o las reglas de gobierno corporativo.

Por motivos evidentes, conviene (y es obligado en sociedades cotizadas) que la función responsable de la auditoría interna dentro de la compañía, cuando exista, dependa directamente de la comisión de auditoría.

Hasta 2014, esta era la única comisión obligatoria en España, y solo para empresas cotizadas. No obstante, se espera que en un próximo cambio legislativo la obligación incluya también, al menos, a las fundaciones de utilidad pública.

– *Comisión de cumplimiento normativo (compliance) o de supervisión y control.* Su responsabilidad consiste en asegurar que, desde la perspectiva del consejo y de la compañía en su conjunto, se hace todo lo posible para garantizar el cumplimiento de la legislación vigente y las normativas internas a todos los niveles, así como de poder demostrarlo en caso necesario.

Implica un riguroso análisis de los riesgos y las contingencias que pueden existir en cualquier ámbito de la organización y de sus operaciones (mapa de riesgos), y el diseño y establecimiento de los necesarios protocolos y procedimientos para prevenirlos y controlarlos, incluido el correspondiente sistema disciplinario y los adecuados mecanismos de comunicación y denuncia (donde, idealmente, se permita la denuncia anónima).

Entre sus atribuciones, cuenta también con la supervisión de las decisiones del consejo de administración.

Algunos de los resultados tangibles del trabajo de esta comisión son el código ético de la compañía o el manual de prevención de riesgos y delitos.

No se trata solo de limitar y eximir de responsabilidad, incluso penal, a los administradores (que también) sino, sobre todo, de minimizar el riesgo derivado de cualquier posible incumplimiento normativo, que puede tener consecuencias económicas, operacionales y reputacionales. Junto con la comisión de auditoría, esta es una de las funciones claves en la generación de confianza para los grupos de interés externos y tiene un impacto directo en la mejora al acceso a financiación y a inversiones.

– *Comisión de nombramientos y retribuciones (CNR)*. La CNR es una de las comisiones más relevantes y extendidas, en cuanto a que supervisa, gestiona y regula los aspectos relacionados con las personas implicadas en los órganos de gobierno, los primeros y segundos niveles ejecutivos y los responsables de cumplimiento normativo y auditoría interna de las empresas.

En un sentido más amplio, la CNR asume funciones relacionadas no solo con las retribuciones y los nombramientos, sino con todos aquellos aspectos relevantes relacionados con la gestión y la evaluación del talento dentro de los ámbitos del gobierno corporativo y los primeros niveles directivos de la organización, incluidos los planes de sucesión de las posiciones clave.

Es, por tanto, muy recomendable que la CNR cuente con asesoramiento externo que ayude, entre otras cosas, a garantizar la independencia de criterio.

Una de sus primeras responsabilidades es dibujar la matriz de competencias necesarias: identificar las capacidades, las experiencias y los conocimientos que se necesitan. Además, es responsable de fijar los objetivos de diversidad y de compararlos con la situación presente para identificar los huecos a cubrir y los retos de mejora, tanto en el consejo como en el primer nivel ejecutivo, y también se implica en los procesos de captación de talento a este primer nivel, genera los informes de idoneidad de los candidatos para que puedan ser evaluados por el consejo y contribuye en el diseño de los planes de formación necesarios para reducir todo lo posible las diferencias entre la matriz de competencias deseadas y las disponibles.

Asimismo, está entre sus funciones diseñar el plan de sucesión para el presidente y el primer ejecutivo de la organización (involucrando, en el caso del presidente, al consejero coordinador cuando exista) a fin de minimizar los riesgos de discontinuidad y la pérdida de información y acelerar el proceso de sustitución sin poner en riesgo la calidad del resultado. De igual forma, cuando se produce el cese de algún consejero, se elabora el informe de consejero saliente y se asegura una adecuada comunicación de las causas y circunstancias del cese a los grupos de interés que corresponda.

Otra función esencial es fijar las políticas de retribución y las condiciones contractuales de los consejeros y de la alta dirección. Estas deben ser claras, precisas, verificables, basadas en criterios objetivos y alineadas con las circunstancias y la estrategia de la entidad. La CNR se ocupa, por otra parte, de verificar que los contratos se ajustan a las políticas vigentes y que las compensaciones acordadas, especialmente las variables, se aplican conforme a lo previsto y al cumplimiento de los criterios y objetivos previamente establecidos.

Por último, la CNR debe preparar un informe anual para los accionistas que recoja la actividad llevada a cabo y las principales decisiones tomadas por el consejo en sus ámbitos de competencia (especialmente, cuando implican cambios relevantes en cargos, posiciones y políticas generales). Es recomendable detallar en el informe el asesoramiento externo recibido, con mención específica a los honorarios asumidos para cada proveedor en función de su área de especialización.

Desde 2014, como consecuencia de la modificación de la LSC, la comisión de nombramientos y retribuciones pasó a ser también obligatoria para sociedades cotizadas y otras emisoras de valores negociables en mercados secundarios oficiales. De hecho, en compañías de gran volumen o procesos asociados complejos, se recomienda que se constituyan dos comisiones separadas (una de retribuciones y otra de nombramientos) y se establezcan sistemas de coordinación entre ellas.

– *Comisión de estrategia (e inversiones, e innovación)*. A través de esta comisión, se lidera y pilota el proceso de reflexión en el ámbito de la estrategia corporativa y se supervisan los procesos de reflexión vinculados a la estrategia de negocio para cada una de las empresas o unidades de negocio. En el primer caso, se revisan las conclusiones cada varios años. En el segundo, el de la estrategia de negocio, la revisión puede llegar a ser anual, ya que la reflexión está relacionada e influida por factores exógenos y coyunturales que evolucionan con mayor velocidad y en mayor medida que los factores más endógenos y estructurales vinculados a la estrategia corporativa.

Es habitual apoyarse en consultores externos que aporten el marco conceptual y la metodología para asegurar que tanto la información que se utiliza para reflexionar como las herramientas y los modelos empleados para conducir los debates y los entregables del proceso cumplen con los requerimientos y las expectativas en términos de calidad y resultado. Estos consultores dinamizan y facilitan, a su vez, las reuniones, en cuyos debates, por otra parte, los propios integrantes de la comisión y del consejo deben participar activamente, por lo que difícilmente pueden asumir el rol de moderación y facilitación de las reuniones de trabajo.

Además del apoyo externo en términos de método y proceso, y de los miembros del consejo que se decida implicar directamente, pueden incorporarse a esta comisión otros expertos externos que, de forma puntual, complementen los conocimientos necesarios para un análisis con la necesaria profundidad. Asimismo, pueden participar directivos y ejecutivos que aporten su conocimiento de la realidad operativa de la compañía y del mercado.

Cuando no hay una comisión específica, la comisión de estrategia asume la responsabilidad de informar y/o proponer sobre inversiones y desinversiones (incluidas operaciones corporativas de fusiones y adquisiciones de filiales). El objetivo es mantener un buen nivel de control por parte del consejo, pero, sobre todo, garantizar la idoneidad de las decisiones en este ámbito, lo cual incluye velar por el alineamiento estratégico de las mismas.

Dependiendo del enfoque de la comisión y del peso que se dé a la innovación como resultado de las reflexiones estratégicas, esta puede incluir, además, la responsabilidad de impulsar y supervisar las políticas y los planes de acción vinculados a la innovación.

- *Comisión de RSC* - Responsabilidad Social Corporativa *y ESG (Enviromental, Social and Governance –Asuntos ambientales, sociales y de gobernanza–)*. Esta comisión responde a la sensibilidad cada vez mayor de los diferentes grupos de interés de las compañías con respecto a la persecución y el seguimiento de impactos y retornos no meramente económicos, sobre los que he compartido algunas ideas en el capítulo 3 de este libro.

La comisión de RSC tiene por objetivo analizar las oportunidades, así como crear e impulsar propuestas de potenciales formas de aportación de valor a la sociedad a través de las actividades de la compañía, buscando para ello fórmulas que sean, idealmente, rentables de manera directa desde la perspectiva económica, cuando sea posible. En este sentido, lo más práctico y eficiente suele ser centrar los esfuerzos en aquellos ODS que permitan una alineación más fácil y natural con la actividad de la compañía.

Esta comisión elabora también un informe anual en el que se recogen las contribuciones y los planes al respecto.

– *Comisión de comunicación corporativa y relaciones institucionales.* Esta comisión tiene como principal misión velar por el posicionamiento y la reputación corporativa adecuados. Una de sus funciones es supervisar o participar activamente en la interlocución con algunos grupos de interés en los ámbitos de la comunicación pública y las relaciones institucionales (que pueden incluir medios de comunicación, actividades asociativas y actividades lobísticas).

En algunas compañías, estos ámbitos de la gestión se consideran demasiado estratégicos como para ser manejados por la parte ejecutiva de la organización, por lo que se gestionan directamente desde el consejo, el cual puede delegar en esta comisión experta.

El objetivo de posicionamiento (esto es, la voluntad de cómo queremos que el mercado y otros grupos de interés nos perciban) se construye a base objetivos claros, de perseverancia y de consistencia. La reputación, que forma parte de ese posicionamiento deseado, es algo determinante para el éxito a largo plazo de la compañía. Tarda años en construirse, pero puede echarse a perder en pocos minutos. La comunicación corporativa y la interacción con los medios de comunicación debe gestionarse con precaución y experiencia.

Las acciones lobísticas pretenden, en muchos casos, modelar posiciones por parte de las administraciones, el poder legislativo y otros estamentos de la sociedad civil y política. Realizadas directamente por nosotros, o a través de la participación en algunas entidades asociativas, requieren también, en cualquiera de los dos casos, constancia, experiencia y buen saber hacer, especialmente, en aquellas compañías que desarrollan su actividad en sectores regulados. Estas iniciativas pueden tener un fuerte impacto en el futuro del sector y de la compañía, normalmente a medio o largo plazo. Por estos motivos, son también a veces gestionadas directamente desde el consejo. En ambos casos, es frecuente el apoyo de asesores externos especializados.

– *Comisión de gobierno corporativo.* El objetivo de esta comisión es concretar el marco de funcionamiento de los órganos de gobierno. Esto incluye definir su estructura y organización, su composición y los procedimientos de gestión desarrollados más ampliamente a lo largo de todo este libro.

Una vez diseñado por la comisión, es muy recomendable que los consejeros acepten formalmente, en sede de consejo, el sistema de gobierno corporativo acordado, cuanto menos, con relación a las obligaciones legales y estatutarias, así como a los correspondientes códigos éticos y de conducta. También es habitual informar a la junta general de accionistas sobre el sistema y las regulaciones adoptados.

La comisión se ocupa, por otra parte, de evaluar la calidad y la eficiencia del funcionamiento del consejo y de sus comisiones, así como de sus respectivas aportaciones de valor, y del cumplimiento de los objetivos fijados. Lo que se persigue es controlar la eficacia de las prácticas de gobierno de la empresa e introducir los cambios necesarios cuando sea conveniente, incluida una cadena clara de responsabilidades de gestión, al menos, en los primeros niveles, también ejecutivos.

De igual forma, elabora un informe anual de gobierno corporativo que, además, informa sobre la estructura de propiedad, la estructura de administración, las operaciones vinculadas, los sistemas de control de riesgos y el funcionamiento de la junta general de accionistas.

La comisión también puede sugerir que se acometan programas de actualización de conocimientos para los consejeros y la alta dirección de la compañía.

Cuando esta comisión no se constituye formalmente, la mayor parte de sus funciones se suelen incorporar a la CNR, a la comisión de auditoría y cumplimiento normativo o a la comisión de ESG.

Adicionalmente, existen algunos principios básicos de actuación que son de aplicación general en todas las comisiones y por los que deben velar todos sus miembros, y en primera instancia, el presidente de cada comisión, para su buen funcionamiento:

– Independencia y escepticismo, esto es, independencia de actuación respecto de instrucciones y vinculaciones. Los miembros deben actuar con libertad de criterio y juicio.
– Diálogo constructivo y libre expresión de sus miembros.
– Diálogo interno, ya sea puntual o recurrentemente, con el resto de los consejeros y la alta dirección.
– Capacidad de análisis suficiente y utilización de expertos externos cuando sea recomendable.
– Recursos y presupuesto suficientes.

CAPÍTULO 7.
FUNCIONES: ¿QUÉ DEBEN HACER LOS ÓRGANOS DE GOBIERNO?

«Aquí no pasa nada; mejor dicho, pasan tantas cosas juntas al mismo tiempo que es mejor decir que no pasa nada».
Jaime Sabines (1926-1999), poeta y político mexicano

Una vez que tenemos claros los objetivos y hemos decidido cómo estructurar y organizar internamente los órganos de gobierno de nuestra organización, es el momento de reflexionar sobre las funciones que estos deberán desempeñar. Se trata de tener claro «qué» tienen que hacer para conseguir los objetivos fijados y de forma acorde a la estructura y organización que hayamos considerado óptimas para su funcionamiento[12].

---

12 Desde la perspectiva del proceso de reflexión para diseñar un buen modelo de gobernanza corporativa y sus correspondientes órganos de gobierno, podríamos plantear que tiene más sentido pensar primero en el «qué» para luego diseñar la estructura y organización que mejor sirvan a lo que se quiere hacer desde los órganos de gobierno. Ambos enfoques pueden ser válidos, aunque mi experiencia me dice que es más eficiente empezar por la estructura y la organización, para pasar luego a definir las funciones de cada uno de los órganos de gobierno. Independientemente de que hagamos antes una cosa o la otra, quizá pueda convenir, como en otras partes del proceso, llevar a cabo una cierta iteración para revisar pasos previos a medida que avanzamos y ajustarlos a las conclusiones de las diferentes fases del proceso.

Salvo cuando un consejo es meramente asesor, una de sus responsabilidades más relevantes es la toma de decisiones. En este caso, uno de los retos de mayor importancia desde la perspectiva de optimizar la gobernanza es acotar las decisiones que deben tomarse en el consejo (y, por pasiva, excluir de la mesa del consejo las que no). Uno de los errores más habituales cuanto más pequeña es una empresa es dar un enfoque excesivamente ejecutivo a los consejos, el cual hace que se solapen con los comités de dirección o ejecutivos. Son estos últimos los que deben centrar su actividad y la toma de decisiones en los ámbitos operativos, que son los del día a día de la organización. En este sentido, más allá de las decisiones estratégicas (a largo plazo) que, por su naturaleza, corresponden ya de por sí al consejo, lo esencial es que las decisiones de impacto a corto plazo se acoten a unas pocas e importantes.

Si bien es necesario un ajuste preciso para cada organización, las decisiones a tomar por el consejo deberían centrarse en la aportación de directrices para el diseño, y la posterior aprobación, de los principales planes de actuación y sus respectivos procedimientos de gestión asociados, para todas las unidades de negocio y ámbitos corporativos. Como sugerencia, y con carácter general, que, sin duda, precisa de un ajuste a cada caso, estas podrían ser las más relevantes:

– Planes de negocio (incluida la estrategia de negocio) y presupuestos anuales, también la fijación de objetivos.
– Plan de inversión en activos fijos, adquisiciones y desinversión, incluidas filiales.
– Endeudamiento (especialmente, no operativo) por encima de un determinado umbral.
– Evaluación y seguimiento de riesgos y oportunidades y de los reglamentos, procedimientos y planes de

contingencia que sea necesario elaborar para su identificación, valoración y, en su caso, contención.

Al margen de las razones estrictamente legales que obligan a tener un consejo de administración, que, en el peor de los casos, cuando se constituye por ese motivo exclusivamente puede llegar a ser meramente protocolario, existen al menos seis posibles funciones que dan sentido concreto a los consejos y por las que un consejo bien diseñado y gestionado es más que una simple buena idea. Dichas funciones son las siguientes:

A. Supervisión y control.
B. Diseño de políticas.
C. Direccionamiento estratégico.
D. Gestión interna de talento y, en particular, del CEO.
E. Interlocución con grupos de interés relacionados.
F. Rendición de cuentas.

Todas ellas pueden aportar valor de forma independiente, pero también complementaria. No son en absoluto excluyentes y su mayor contribución se logra cuando se gestionan como un sistema integrado cuyos diferentes ámbitos se interrelacionan y retroalimentan. Esto se logra, por ejemplo, asegurando que todas las decisiones estén alineadas con el direccionamiento estratégico que se haya determinado y que los planes de acción y resultados que se obtienen también estén alineados con dicha estrategia; o bien, valorando no solo aspectos de supervisión y control en el momento de rendir cuentas, sino dando explicaciones sobre las decisiones tomadas y razonando en torno a las reflexiones que subyacen al direccionamiento estratégico. Veámoslas una por una.

A. Supervisión y control

Es el objetivo más habitual y a veces, por desgracia, el único que se considera, al menos inicialmente, para constituir un consejo. Esto ocurre, sobre todo, cuando se trata de un consejo de administración formal en compañías no cotizadas y de tamaño más bien reducido y también, en ocasiones, cuando se quiere ir más allá de un consejo puramente protocolario con la única intención de cumplir formalmente con los requisitos establecidos por la legislación (por ejemplo, en cuanto a la formulación de cuentas anuales o el informe anual de gestión), pero poco más. Me refiero aquí a esos consejos donde los abogados de la compañía preparan el orden del día y las actas de las supuestas reuniones, que en realidad no llegan a ocurrir).

Dentro de la función de supervisión y control, estos son los principales ámbitos que deberíamos considerar:

– Seguimiento del cumplimiento de los planes de negocio (y planes de acción asociados), así como de los presupuestos anuales y de las medidas correctoras en caso de producirse desviaciones significativas.

– Seguimiento económico, financiero y patrimonial de las diferentes unidades de negocio y a nivel corporativo (consolidado). En este punto, lo habitual es revisar los estados financieros (cuenta de resultados, balance de situación, estado de origen y aplicación de fondos y *cash-flow*) y/o los indicadores clave de rendición (*key performance indicators* o KPI, por sus siglas en inglés) de un cuadro de mando (integral o no) que recoja las principales magnitudes. En el capítulo 8, («Funcionamiento de los consejos: eficacia, eficiencia y principios de actuación»), profundizaremos algo más en este tema.

- Supervisión de los procesos de auditoría interna y externa y de su cumplimiento.
- Aseguramiento del cumplimiento normativo *(compliance)* y de que la compañía y sus órganos de gobierno están actualizados con relación a su conocimiento de la legislación vigente y la jurisprudencia relacionada. También, de que se establecen correctamente los necesarios mecanismos de identificación y denuncia de irregularidades.
- Supervisión y evaluación del desempeño del primer nivel ejecutivo en base a los objetivos fijados y su desempeño global.
- El propio funcionamiento del consejo.

Por otra parte, establecer los mecanismos adecuados y ejercer un buen control de forma recurrente no son solo una obligación y una responsabilidad indelegables del consejo, sino que constituyen, además, la única forma de evitar o minimizar un potencial riesgo de responsabilidad penal por parte de los administradores. Al menos una vez al año, estos asuntos deben formar parte del orden del día del consejo y se les debe dedicar el tiempo suficiente.

El control es bueno y necesario. No obstante, no debería ser la función única o central del consejo. Dedicar todo el tiempo disponible a revisar estados financieros (o cualquier otro documento que explica lo que ya pasó) es como conducir un vehículo mirando solo por el retrovisor. El parabrisas, por motivos evidentes, es mucho más grande que el retrovisor. Si solo miramos atrás, en vez de poner el foco en lo que está por venir, acabaremos estampados contra un muro o nos saldremos de la carretera en la primera curva.

B. Diseño de políticas

El diseño de las principales políticas de actuación es un buen ámbito de actuación. Como ya he mencionado, no se trata de suplantar a los órganos ejecutivos en su gestión del día a día, pero sí de guiar su actuación, por lo que, reservar a los órganos corporativos el diseño de las principales políticas de actuación que deberán aplicarse de forma concreta a la casuística diaria es, por lo general, una buena idea. A modo de ejemplo, algunas de estas políticas podrían ser las siguientes:

- Talento (recursos humanos), en cuanto a selección, retribución y otras condiciones contractuales, de evaluación del desempeño, etc., al objeto de potenciar el desarrollo y la retención del talento. En este caso, el consejo debería reservar para sí las decisiones relativas al primer y, quizá, segundo nivel organizativo.
- Relaciones institucionales y comunicación corporativa.
- RSC.
- Cualquier otra política que pueda acordarse como relevante en función del sector, el momento de desarrollo interno o la coyuntura.

C. Direccionamiento estratégico

Según los resultados del informe *EMEA 360° Boardroom Survey,* realizado por Deloitte y basado en la opinión de casi trescientos consejeros no ejecutivos de Europa, Oriente Medio y África, ya en octubre de 2016 la estrategia ocupaba la primera posición en el *ranking* de cuestiones clave a tratar en el consejo. Por encima del crecimiento y la rendición, que ocupan la segunda y tercera posición, respectivamente. Esto debería ser suficiente para hacer reflexionar a aquellos que ven los consejos como meros órganos de control y supervisión.

La reflexión estratégica, que debe guiar las decisiones que afectan al futuro de la compañía, consiste en poner el largo plazo en el punto de mira. Cuán largo es ese plazo depende, fundamentalmente, del sector y del modelo de negocio. Lo que puede ser largo plazo para una *start-up* tecnológica puede significar corto plazo para una empresa inmobiliaria que centre su actividad en el desarrollo del suelo.

Mirar a lo lejos a través del parabrisas, en vez de fijar la vista en el retrovisor (esto es, pensar a largo plazo en lugar de solo analizar lo que ya pasó) debería ser una responsabilidad indelegable del propietario o de los propietarios de una compañía. Los directivos suelen (y deben) tener puesto el foco en el corto plazo, en los resultados del año y en las acciones necesarias para conseguirlos. Como mucho, lo sitúan a medio plazo, uno, dos o tres años. Es la propiedad la que se juega su patrimonio a largo plazo y la que debe reflexionar sobre su estrategia patrimonial y sobre la estrategia (al menos, corporativa[13]) de sus empresas. En muchas ocasiones, la propiedad está demasiado dispersa o no tiene las capacidades necesarias para llevar a cabo un buen proceso de reflexión estratégica (a veces, ni siquiera

---

13 Tal como vimos en el capítulo 3, dedicado a entender lo que es el buen gobierno estratégico y corporativo, la estrategia corporativa es la que debe dar respuesta a preguntas como el propósito de la organización (a qué grupos de interés se pretende aportar valor y de qué forma), la visión (con la definición del nivel de ambición a medio y largo plazo) o los ámbitos de negocio en los que se quiere estar presente y la estrategia de crecimiento para alcanzar esa visión y servir al propósito, ambos previamente definidos.

es consciente de la necesidad de hacerlo) y, en estos casos, el consejo puede (o, más bien, debe) ser un buen instrumento para liderar dicho análisis, con independencia de quién deba participar: parte de la propiedad, consultores externos, directivos, expertos, etc. La lista de participantes puede ser larga y el proceso complejo, pero el consejo es un buen instrumento para pilotar y supervisar la reflexión, en ocasiones, a través de una comisión delegada específica. La reflexión de estrategia corporativa es una de esas cosas que es mejor hacer despacio y bien que deprisa y regular. Es algo que debe guiar las actuaciones de la compañía y con lo que esta convivirá durante algunos años. Aunque puede revisarse de forma periódica, difícilmente sufrirá virajes drásticos de forma frecuente.

En cambio, la estrategia de negocio puede ser delegada en los equipos directivos. Es importante que sea dirigida por los ejecutivos y que estos participen muy activamente en su desarrollo, ya que esa estrategia se establece, en gran medida, como consecuencia de factores exógenos y relativamente coyunturales con los que lidian los directivos en su día a día. Dichos factores forman parte del análisis de arena competitiva (competidores y clientes objetivo, con relación a nuestras capacidades) sobre el que se determinan la estrategia competitiva y el posicionamiento que perseguimos en el mercado. Ambos, tanto la estrategia competitiva como el posicionamiento deseado, deben condicionar sustancialmente la elaboración de los planes operativos. No es algo en lo que necesariamente deba participar activamente el consejo, salvo para asegurar el alineamiento de la estrategia de negocio con la corporativa previamente definida por este.

Como dicen algunos de mis excompañeros consultores, se trata de conducir usando tanto las luces cortas como las luces largas. Los directivos suelen conducir con las luces cortas. Es lo que se les pide, y tanto la presión competitiva de los mercados como los sistemas de gestión e incentivos habituales son conductistas y les inducen a ello. Es responsabilidad de la propiedad y de sus órganos de gobierno corporativos (consejos) poner las luces largas y dar directrices a los directivos para que diseñen la ruta y conduzcan hacia el punto de destino final establecido. Se trata de decirle al piloto (primer ejecutivo) cuál es el destino (estrategia patrimonial y corporativa) y de darle el combustible para llegar (recursos, fundamentalmente económicos), pero dejarle que decida la ruta (estrategia de negocio) con supervisión y que conduzca (ejecución). Como dice Diego «Cholo» Simeone: «¡Partido a partido!», (pero, añado yo, teniendo claro el objetivo a largo plazo y sin perderlo de vista).

D. Gestión interna del talento y, en particular, del CEO

Es el propio consejo, a través de la CNR (cuando está establecida), el que debe velar por la gestión del talento que conforma el propio consejo y el resto de órganos de gobierno dependientes. Se trata de identificar, atraer y retener a las mejores personas posibles, así como de prestarles el apoyo necesario, evaluar su desempeño y retribuirles adecuadamente. Adicionalmente a los miembros del consejo, y dada la especial relevancia que tienen para el buen funcionamiento de la compañía, merecen especial atención la gestión del CEO o primer ejecutivo de la organización, forme o no parte formalmente del consejo, así como de su equipo de reporte directo. A lo largo de algunos de los siguientes capítulos, profundizaremos en los aspectos relativos a la gestión del talento asociada a los consejos.

E. Interlocución con grupos de interés relacionados

Opcionalmente, y dependiendo de las circunstancias, el consejo puede ser también un interlocutor útil y eficaz con otros grupos de interés vinculados a la organización. Por ejemplo, en empresas familiares, con la totalidad o parte de la familia propietaria (especialmente, cuando el primer ejecutivo es, además, miembro de esta) o con inversores institucionales que pueden requerir o apreciar interlocución directa con otras personas conocedoras de la situación, más allá del primer ejecutivo o la propiedad. Tampoco sería la primera vez que vemos asumir la interlocución con los sindicatos por parte de consejos de administración en momentos y en compañías donde esta interacción es esencial.

Los consejos suelen desempeñar, asimismo, una función de interlocución y engarce entre los accionistas y los equipos de gestión que hay que tener en cuenta como marco de referencia para su diseño y composición. Establecer buenas dinámicas de interacción y comunicación entre los tres estamentos (accionistas, consejo y gestores) es fundamental para conseguir alineamiento y para que cada uno de ellos pueda cumplir con sus funciones sin añadir más ruido que el inevitable.

Por otra parte, cuando se considere oportuno, el consejo o alguno de sus miembros pueden ser también buenos interlocutores con determinados agentes con los que se quiere mantener una relación directa desde el máximo órgano de gobierno. Es el caso de ciertos grupos lobísticos o asociaciones y ocurre también con temas vinculados a las relaciones públicas e institucionales. Todos estos asuntos pueden llegar a tener una fuerte influencia en el futuro a largo plazo de la compañía y distraer el foco de las operaciones si son atendidos por el equipo de gestión, o quedar olvidados (sobre todo, si no se dispone de recursos suficientes como para gestionar con cierta holgura). Son, por lo tanto, buenos candidatos a ser liderados con implicación directa del consejo, con mayor o menor participación de los directivos gestores en función de la situación y del tema que se trate.

Llevo años prestando servicio como miembro del consejo de un grupo industrial cuya principal actividad se desarrolla en toda la cadena de valor de un sector de prestación de servicio público regulado. Hace ya unos años, decidimos liderar directamente desde el consejo la interlocución con el regulador (y con las agencias lobísticas y asociaciones sectoriales, cuyo principal objetivo es defender los intereses de la industria influyendo en el legislador). Las decisiones que toman los reguladores y legisladores en sectores regulados suelen tener un fuerte impacto en las cuentas de resultados de las compañías del sector, y esas decisiones suelen también cocerse a fuego lento, especialmente, cuando necesitan de intervención parlamentaria. La combinación de ambas cosas (alto impacto y largo plazo) fueron las razones de mayor peso que nos llevaron a tomar la decisión de asumir en primera persona, desde el Consejo, la gestión de este ámbito, con los beneficios adicionales de no «distraer» a los ejecutivos de su gestión diaria y evitar riesgos de discontinuidad en caso de cambios en los ámbitos ejecutivos.

F. Rendición de cuentas

Dentro de esta función, se debería incluir la necesaria rendición de cuentas por parte del consejo frente al resto de grupos de interés y, en particular, frente a los accionistas. El momento más relevante para ello es la junta general de accionistas, en la que el consejo presenta la formulación de cuentas y el informe anual y de gestión para su aprobación por parte de la propiedad. Es en este momento, si no se ha ido haciendo con regularidad a lo largo del año, cuando se darán las explicaciones necesarias para que los accionistas estén convencidos de que el consejo es quien mejor puede defender sus intereses y los del resto de grupos de interés. Estará en su mano volver a renovar su confianza en él u optar por una mejor alternativa a su criterio.

En cualquier caso, además de ser una obligación legal (acotada a algunos aspectos concretos que varían en función del tipo de compañía), rendir cuentas y dar explicaciones sobre los resultados y sobre las decisiones relevantes que se toman y lo que las motiva y sustenta es una buena práctica en todos los sentidos. Aunque no existiera la obligación de hacerlo y en el consejo estuviera ya representado el grueso de los accionistas, la disciplina de dar explicaciones de forma transparente y objetiva es un ejercicio muy sano que obliga a reflexionar sobre lo que hacemos y por qué lo hacemos. Sentarse de vez en cuando a preparar una junta general de accionistas en la que se darán explicaciones y se evaluará el desempeño del consejo es un ejercicio que induce responsabilidad. Si, además, la junta general es exigente (justa y objetiva, pero exigente), el ejercicio de «sana presión» es más eficaz. Y si el mecanismo de rendición de cuentas y de informar se produce de forma ordenada y sistemática, más allá de la celebración de las juntas generales ordinarias o extraordinarias, mucho mejor.

Conozco algunos consejos en los que el ejercicio de transparencia bienintencionada y humildad intelectual de dar explicaciones por parte del único propietario gestor a un grupo de consejeros independientes, es prácticamente el motivo principal para que el consejo exista. En estos casos, la rendición de cuentas toma un cariz de *«sparring»*, de modo que el consejo sirve al propietario y primer ejecutivo de la organización para confrontar y contrastar sus ideas.

En la rendición de cuentas, merecen una mención especial los accionistas minoritarios, muchas veces olvidados o ninguneados dada su supuesta escasa capacidad de interferir y, a veces, debido también a su falta de proactividad a la hora de defender sus intereses, lo que los convierte en inversores pasivos. Cuanto mayor es la dimensión de la compañía y la atomización de sus accionistas, mayor es el riesgo de que los accionistas minoritarios sean ignorados.

En España, como en la mayoría de los países, los derechos (y obligaciones) de los accionistas minoritarios vienen recogidos en el marco legislativo y no son baladíes, si bien no suelen conocerse demasiado bien ni, a veces, son fáciles de ejercer por parte de los propios accionistas. Por ejemplo, muchos accionistas minoritarios desconocen que, como mecanismo de defensa de sus intereses frente a los accionistas de control en una sociedad, la ley les otorga un derecho de separación a través del cual pueden forzar la venta de sus acciones a un precio objetivo en determinadas circunstancias (básicamente, para que los accionistas de control no repartan dividendos en una situación en la que la compañía lleva algunos años teniendo beneficios de forma ininterrumpida). Este mecanismo que pretende defender los intereses de los accionistas minoritarios (que no suelen tener la capacidad de condicionar la política de reparto de dividendos, a no ser que se haya pactado previamente una mayoría reforzada que los incluya) puede poner, llegado el caso, en una situación muy difícil a una compañía que no tiene los recursos necesarios para afrontar la compra de las acciones de unos accionistas minoritarios que ejercen su derecho de separación (y que, en cualquier caso, pueden representar un porcentaje relevante del capital social).

En realidad, los accionistas minoritarios tienen muchos otros mecanismos para defender sus intereses más allá de los legalmente establecidos, a veces, asociándose o sindicándose para tener una posición de mayor fuerza, pero también con acciones que pueden afectar el buen funcionamiento y la buena reputación de la compañía, con impactos de difícil cuantificación. Rendir cuentas de forma transparente, proactiva y ordenada a los accionistas minoritarios, más allá incluso de la obligación normativa, es una forma de mostrar el respeto que merecen como copropietarios de la empresa, además de ser una buena idea para mantener una relación sana y alineada con ellos.

En un buen modelo de gobernanza corporativa, en el que se comparte que el objetivo es generar valor a largo plazo para todos los *stakeholders* (grupos de interés), todos los *stockholders* (accionistas) están, por definición, en el mismo barco, por lo que no debería ser tan complicado alinear las posiciones que defienden el interés de todos. Otra cosa es cuando alguna de las partes (accionistas o ejecutivos) intenta defender intereses espurios en un conflicto que nace de interpretar la relación entre las partes como un juego de suma cero.

Una vez vistas las principales funciones que podemos asignar a un consejo, toca reflexionar sobre qué peso relativo queremos otorgar a cada una de ellas para nuestro órgano de gobierno, y pensar, además, en cómo será necesario que este equilibrio de pesos específicos evolucione en el tiempo a medida que sea necesario. Para ello, usaré un modelo adaptado y completado, basado en el desarrollado por Robert I. «Bob» Tricker (autor y profesor de Nuffield College, Oxford) y en el que utilizamos dos ejes para ayudarnos a decidir cuánto peso queremos darle a cada posible función de nuestro consejo. En el gráfico de ejemplo que figura a continuación, el tamaño de las circunferencias representaría el peso relativo que queremos dar a cada función. Esta es una decisión a tomar por nuestra parte. La ubicación de cada función en el gráfico, con relación a los dos ejes, puede incorporar cierta subjetividad o necesidad de adaptación a casuísticas concretas, pero, en general, responde a la naturaleza de cada función como consecuencia de si esta pone la mirada y el foco, por una parte, en lo interno o lo externo y, por otra, en el pasado, el presente o el futuro. Parece claro que la función de supervisión y control se centra en el pasado y en lo interno (se trata, fundamentalmente, de explicar lo que pasó en base a las decisiones que tomamos). Rendir cuentas, en cambio, aunque presenta un foco claramente centrado en el pasado, tiene un componente externo en cuanto a que las cuentas las rendimos también a terceros, los cuales pueden estar más o menos ligados a la compañía (a la sociedad en su conjunto, en última instancia). En cambio, el direccionamiento estratégico, en el otro extremo del gráfico, tiene una clara mirada hacia el futuro y un considerable componente de visión externa.

Cuando las compañías tienen el accionariado muy atomizado y no hay un accionista de control que piense a largo plazo, los órganos de gobierno suelen enfocarse más en el control, el *reporting* y el cumplimiento normativo. En este tipo de compañías, se corre el riesgo de que los consejos acaben trabajando más para los equipos de gestión que para los accionistas y otros grupos de interés, por lo que, en estos casos, es importante velar por la verdadera independencia de los consejeros y la defensa de los intereses de todos los accionistas y el resto de grupos de interés. En cambio, las compañías que tienen un accionista dominante o familiar suelen enfocarse en la gestión de los negocios y en la estrategia.

En estos casos, también es importante no olvidar los intereses de los accionistas minoritarios, propiciando la incorporación de consejeros verdaderamente independientes y no contratados por el accionista de control. Las primeras, dicho sea de paso, suelen orientar su enfoque estratégico hacia el crecimiento y las segundas, hacia el valor (no son conceptos necesariamente opuestos, pero en ocasiones pueden ser contradictorios).

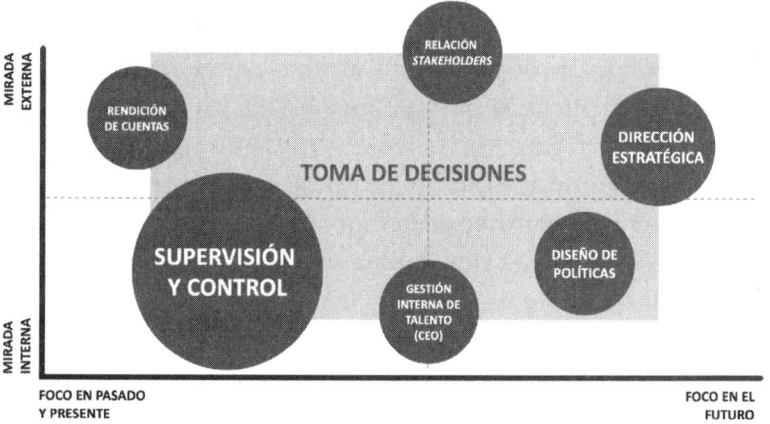

Funciones de un Consejo de Administración.

En definitiva, cuando hay un accionista que se juega su patrimonio a largo plazo como consecuencia de la evolución de la compañía, suele poner el foco en la gestión y en la estrategia (el futuro) y, de no ser así, el foco suele ponerse en el control y el *compliance* (como mecanismo, entre otras cosas, de la limitación de riesgos jurídicos de los administradores, que no se juegan su patrimonio como accionistas de la compañía, pero sí el propio como consecuencia de sus decisiones en el consejo). No estoy diciendo que, necesariamente, en un caso u otro se esté descuidando por completo alguna de las funciones, sino que, en general, se pone más peso en unas u otras dependiendo de la tipología de propiedad de la compañía y de cómo se conforman sus órganos de gobierno. En esta misma línea, en su investigación «*Corporate Governance and Firm Performance*» («Gobierno corporativo y desempeño de la empresa»), publicada en la *Journal of Corporate Finance* en 2022, los autores sostienen que, cuando los miembros del consejo tienen una participación en acciones de la compañía, se da una correlación significativa y positiva con un mejor desempeño operativo presente y futuro. Ambas cosas, especialmente de forma combinadas, deberían dar que pensar.

Adicionalmente, los consejos también deben velar por la correcta estructura societaria y organizativa de las compañías y grupos empresariales a los que sirven y tomar las correspondientes decisiones al respecto.

En cualquier caso, hay que recordar que la junta general de accionistas debe ser informada y, como mínimo, debe ratificar, al menos, las decisiones relacionadas con la estrategia corporativa, la retribución del propio órgano de gobierno o la inversión o desinversión en activos esenciales.

En capítulos posteriores, profundizaremos en la responsabilidad que asumen los consejeros de órganos de administración formales como el consejo de administración, que procede, en parte, de la toma de decisiones colegiada durante las sesiones. En este sentido, es muy importante asegurar que, como consejeros, disponemos de la información necesaria y seguimos un buen proceso de decisión para no incurrir en responsabilidad. Por ejemplo, no ser conscientes de que una sociedad ha entrado en causa de disolución podría llevarnos a no tomar la decisión de disolverla en los plazos preceptivos y a incurrir, por tanto, en responsabilidad por los perjuicios que puedan ocasionarse a terceros.

CAPÍTULO 8.

FUNCIONAMIENTO DE LOS CONSEJOS: EFICACIA, EFICIENCIA Y PRINCIPIOS DE ACTUACIÓN

«Este había optado por un método de monta que implicaba caerse de la silla cada pocos segundos».

El color de la magia, Terry Pratchett

La gestión eficaz y eficiente de los consejos

Empecemos por ponernos de acuerdo en lo que entendemos por eficacia y eficiencia. La eficacia hace referencia a la capacidad de conseguir los objetivos que nos proponemos. La eficiencia, en cambio, tiene que ver con la cantidad de recursos que, en un sentido amplio (dinero, tiempo, talento), consumimos para conseguir el objetivo. Cuanto menos tiempo, dinero y personas utilicemos para conseguir el objetivo, mayor será la eficiencia. «Qué» hacemos tiene una relación directa con la eficacia; «cómo» lo hacemos, con la eficiencia.

Esta distinción no es baladí y, en ocasiones, puede que ambos conceptos entren en contradicción. Sin embargo, tanto la eficacia como la eficiencia son importantes, pues la eficiencia sin eficacia, sin conseguir el objetivo, no tiene sentido. Y la eficacia sin eficiencia no es sostenible.

Una búsqueda extrema de la eficiencia puede arriesgar la eficacia, especialmente, cuando ese objetivo no es fácilmente evaluable y puede dar la falsa sensación de haberlo conseguido. Si limitamos en exceso los recursos en aras de la eficiencia, podemos comprometer la calidad de las decisiones que tomamos y de los resultados que estas producen. En los ámbitos operativos, donde el resultado de lo que hacemos se ve con mucha rapidez, esto puede ser un problema menor, ya que es posible corregir sobre la marcha. Podemos avanzar en base a «prueba y error» si estamos atentos, corregimos con rapidez y no nos equivocamos más de la cuenta. Sin embargo, cuando las decisiones son estratégicas, como son la mayoría de las que se toman en un consejo, su impacto suele ser importante y a largo plazo. Es en el momento en que el impacto se produce (o en que somos conscientes de ello) cuando suele ser tarde para corregirlo, lo que provoca que las consecuencias sean de mucho calado.

Para ilustrarlo con un ejemplo: podemos equivocarnos con el precio de la oferta semanal ya que, si vemos que no funciona, tenemos la posibilidad de sustituirla rápidamente por otra y el impacto habrá sido, en la mayoría de los casos, muy limitado y acotado en el tiempo. Sin embargo, ¿cuánto tardaremos en detectar y valorar el impacto de una política inadecuada de recursos humanos en la retención del talento clave? ¿Y en ver los resultados de la compañía al decidir incorrectamente unas inversiones para atacar nuevos territorios o lanzar nuevos negocios? No es lo mismo tener un plan estratégico que disponer de un «buen plan estratégico», y entre uno y otro puede haber una gran diferencia de impacto. Hay cosas que es esencial hacer rápido y otras que es mejor hacer bien.

También es cierto que buscar la perfección en cualquier proceso nos puede llevar a la ineficiencia infinita y a que acabemos no consiguiendo el objetivo. Es la famosa «parálisis por análisis». El perfeccionismo es uno de los grandes enemigos del cumplimiento de plazos y de hacer las cosas a tiempo. No siempre es mejor tarde que nunca. A veces, tarde es equivalente a nunca.

Lo difícil es saber cuándo se ha invertido el mínimo suficiente para garantizar un buen resultado o el resultado esperado. En general, a partir de ahí, seguir invirtiendo recursos es innecesario y habitualmente absurdo, ya que el beneficio de hacerlo suele ser marginal y, por el contrario, las ineficiencias suelen crecer exponencialmente.

Se trata de encontrar el equilibrio adecuado entre una cosa y otra. De hecho, el concepto de «equilibrio adecuado» tiene más miga de la que parece a primera vista. Nadie ha dicho que el equilibrio sea siempre lo que más conviene. Bueno, quizá sí lo diga mucha gente, y probablemente sea bueno para hacer yoga, pero para numerosas dinámicas empresariales, en mi opinión, el equilibrio está sobrevalorado y sería un error perseguirlo constantemente. Quizá sea lo que habitualmente se busca, pero en sí mismo, el equilibrio produce quietud. En cambio, un cierto desequilibrio desencadena una tensión creativa que mueve las cosas, promueve el cambio. Y eso es, precisamente, lo que a menudo se necesita. Así pues, no se trata ni de desequilibrios extremos que provocan ineficacia o ineficiencia ni de equilibrios perfectos que producen inmovilidad.

En definitiva, con «equilibrio adecuado» me refiero a conseguir «cierto desequilibrio adecuado» entre eficacia y eficiencia, que debería inclinarse en un sentido u otro en función de la situación. Hay momentos en los que es más importante hacer las cosas rápido que bien y otras en las que lo contrario es lo correcto.

Ya expuse anteriormente que, en la mayoría de las ocasiones, los consejos suelen lidiar con retos de impacto a largo plazo que piden hacer las cosas bien en lugar de hacerlas rápido. Pero eso tampoco quiere decir que no se deba buscar la máxima eficiencia posible en el proceso.

Por ejemplo, es evidente que cuantas más personas conformen un consejo, mayor conocimiento se reunirá alrededor de la mesa, pero también será más difícil llegar a alcanzar el consenso (si eso es lo que se busca). Aumentará el trabajo de moderación de los debates y será menor la «cuota de micro» (el tiempo del que dispondrá cada uno de los participantes para intervenir), lo cual suele ser un problema, especialmente, cuando la locuacidad de los participantes es considerable, como suele ocurrir en las mesas de consejo.

Por eso, como norma general, siempre que se reúna el conocimiento mínimo suficiente, cuantas menos personas participen, mejor. Hay que valorar si, por ejemplo, hay personas muy interesantes por su conocimiento específico, que no necesariamente tienen por qué ser miembros «permanentes» del consejo, a las que se puede invitar cuando sea necesario. Por otra parte, si un consejo funciona como un equipo de alta rendición consolidado, puede llegar a tener hasta ocho o diez personas sin que esto afecte excesivamente a la mencionada rendición, pero son pocos los grupos que, siendo tan numerosos, lo consiguen. En el próximo capítulo, hablaremos de cómo conformar y escoger las personas adecuadas para el consejo.

En cuanto a la aplicación del concepto de equipo de alta rendición a los consejos, es especialmente importante entender que perseguir un objetivo común de forma eficiente y cohesionada no implica necesariamente uniformidad de criterio ni consenso. Dicho de otra forma, en su caso, la búsqueda de consenso no debe atenuar la disparidad de criterio propio e independiente de los miembros del consejo, que deben entender los diferentes puntos de vista como aportaciones de valor complementarias que provocan ese «adecuado desequilibrio» deseable.

Un equipo no siempre está de acuerdo en todo, pero trabaja conjuntamente en pro de un objetivo común que asume como propio, al igual que, idealmente, las decisiones se toman de forma colegiada, recogiendo y analizando los diferentes enfoques de todos los miembros del equipo. Es algo muy diferente a un grupo de personas que, aun reunidas alrededor de una misma mesa, tienen objetivos dispares y practican diálogos de sordos y donde las votaciones sustituyen el debate de calidad.

Lo primero para ser eficaces es tener los objetivos claros. Lo hemos visto en el capítulo 5 («Los objetivos: ¿para qué queremos un órgano de gobierno?»): es imposible llegar a puerto si no sabemos a qué puerto queremos llegar. Parece de Perogrullo, pero muchos consejos navegan a la deriva, dejándose llevar por la corriente.

Una vez que se tienen claros los objetivos, es muy conveniente fijar KPI que permitan medir si los alcanzamos o, al menos, si la tendencia es de acercamiento. Y no me refiero solo a los objetivos del negocio que se supervisan desde el consejo (que también), sino a los objetivos específicos del propio consejo como tal. En el próximo capítulo también profundizaremos sobre este punto y analizaremos cómo evaluar al consejo y a sus miembros.

En cuanto a la eficiencia, especialmente si los consejeros tienen el perfil adecuado, juega un papel esencial el método, el proceso. Si los consejeros no tienen el conocimiento y las capacidades o la actitud y ética necesarias, nada saldrá bien por muy bueno que sea el método. Por otra parte, si el método no existe, ni siquiera los mejores consejeros lograrán que el consejo muestre una mínima eficiencia.

El método

El método gira en torno a dos elementos fundamentales: el calendario de reuniones y las propias reuniones de consejo (y de sus comisiones y grupos de trabajo), así como de lo que ocurre antes, durante y después de las mismas.

El calendario de consejos

Definir un calendario anual de consejos en el que se fijan para todo el año las reuniones que son planificables es esencial tanto para la eficacia como para la eficiencia del gobierno corporativo. Esta planificación implica una asignación del contenido principal de cada sesión de consejo y, por lo tanto, tiene en cuenta la secuencialidad de los contenidos que forman parte de un proceso determinado (por ejemplo, con relación al proceso de presupuestación de la compañía o grupo de compañías). Además, permite bloquear agendas y facilitar que los responsables de preparar la documentación para los consejos puedan planificar adecuadamente su elaboración pero, sobre todo, que los consejeros puedan asignar los tiempos adecuados para preparar las reuniones.

No siempre se podrá mantener el calendario para todas sus reuniones. A veces será necesario convocar reuniones extraordinarias e incluso convocarlas con urgencia, pero la planificación anual ayuda enormemente a ganar en eficiencia y eficacia. No es lo mismo intercalar reuniones en un momento dado, o cambiar de fecha una reunión, que ir programándolas todas sobre la marcha, con las dificultades que ello conlleva.

Una visión general del calendario anual permite asegurar que se asignan las prioridades adecuadas (y los tiempos establecidos) conforme a los objetivos y las funciones definidas (bien se trate de control y supervisión, de reflexión estratégica o de cualquier otra). También, en caso de grupos de mayor complejidad, facilita que se asignen los tiempos necesarios a los diferentes niveles de la estructura de consejos (corporativos o de unidades de negocio y/o territorios) y que esto se haga con la secuencialidad adecuada.

Las reuniones

Los consejos se basan en tres momentos clave para su buen funcionamiento: las reuniones presenciales o telemáticas, el trabajo previo para prepararlas y el trabajo posterior como consecuencia de las acciones acordadas que deban llevarse a cabo. A continuación, revisaremos en orden cronológico los aspectos importantes para cada fase:

– *Antes de las reuniones de consejo.* El trabajo preparatorio, en pro de la eficiencia de las reuniones del consejo, así como de la calidad de los debates, es el que realiza cada consejero por su cuenta para analizar la información que la compañía pone a su disposición. Para un consejero profesional, hay pocas cosas menos eficientes y más frustrantes que dedicar las sesiones del consejo a escuchar información nueva y a repasar cifras en forma de estados financieros o listados de interminables datos. Para que esto no ocurra, y el tiempo de los consejos pueda dedicarse a hacer debates de calidad, es esencial que el consejero disponga de la información adecuada con suficiente anticipación y que haga su trabajo de análisis previo a la reunión. La antelación debe ser suficiente para pedir aclaraciones o información adicional antes de la sesión de consejo. Dado que los consejeros suelen tener agendas complejas, lo mínimo recomendable es proporcionarles la información con, al menos, una semana de anticipación.

No es objeto de este libro desarrollar un tratado sobre cómo elaborar los necesarios informes de gestión o los sistemas de información de gestión (*management information systems,* conocidos como MIS, por sus siglas en inglés), pero para aquellos que quieran profundizar en este importante condicionante de la eficiencia y la eficacia de los consejos, sugiero una lectura detenida del anexo I. En él, desarrollo las directrices necesarias para que los consejos, haciendo uso de una buena información, puedan poner el foco en lo realmente importante y evitar la falsa sensación de control al disponer mensualmente de un montón de números impresos en un formato determinado (bien se trate de una cuenta de resultados, de un cuadro de mando o de cualquier otro formato).

La preparación previa puede incluir reuniones entre diversos consejeros que, por diferentes motivos, sean convenientes. Por ejemplo, cuando existe la posibilidad de un conflicto de interés o cierto sesgo por parte de algún grupo de consejeros, puede resultar conveniente que el resto de los consejeros se reúnan previamente y por separado para contrastar opiniones y alinear posiciones. Como ya hemos visto anteriormente, algunos marcos regulatorios de diferentes países obligan incluso a que los consejeros no ejecutivos de compañías cotizadas se reúnan por separado periódicamente, y esto, además, es una buena práctica.

Uno de los principios de actuación fundamentales de un consejero es no pronunciarse sobre aquello que no se entiende o no se conoce (y no votar a favor de lo que no se está totalmente de acuerdo), por lo que es fundamental la preparación previa a las sesiones de debate y decisión de los consejos. Por este motivo es tan importante que la documentación previa sea una fuente fiable, comprensiva y suficientemente completa de la información necesaria para analizar, y que haya tiempo para pedir aclaraciones o información adicional si se considera oportuno. La evidencia aportada por información fiable es la base para tomar buenas decisiones y debe estar siempre por encima de las estructuras de poder, de la personalidad y la dialéctica o de la especialización. Preparar las sesiones de consejo con el tiempo y la profundidad necesarios es condición imprescindible para el rol de un consejero comprometido, que hace honor al deber fiduciario que le ha sido otorgado y a su obligación de diligencia.

— *Durante las reuniones de consejo.* Gran parte del valor que aportan los consejeros se produce durante el desarrollo de las reuniones de consejo. Como hemos visto, para que la contribución sea eficiente, es clave que el consejero haya preparado convenientemente las reuniones para llevar a cabo debates de calidad y dedicar el mínimo tiempo posible a compartir la información o a procesos protocolarios.

El contenido específico a tratar en los consejos ordinarios suele estar, al menos parcialmente, predeterminado por el calendario de consejos anual, en el que se fijan los objetivos de cada consejo. Al menos, así debería ser. Cada reunión de consejo necesita un orden del día específico que incluya, además de los asuntos a tratar de forma recurrente y planificada, otros que puedan ir surgiendo.

Para el correcto desarrollo de la reunión y, en particular, de los debates de calidad, es clave la función de liderazgo y facilitación del presidente, con el apoyo, en su caso, del secretario del consejo y, también, la actitud y ciertas capacidades como la escucha activa, la empatía, la capacidad de comunicación sintética, etc., del resto de consejeros, sobre las que hablaremos en capítulos posteriores. Recuerdo que, cuando me peleaba con mis hermanos, mi padre siempre me decía que «dos no discuten si uno no quiere» (y recuerdo también que yo pensaba: «Pero dos tampoco se ponen nunca de acuerdo si uno no quiere»).

Para el correcto desempeño de las reuniones y para asegurar que los diferentes asuntos previstos son tratados adecuadamente, esta función de liderazgo, a la que dedicaremos un capítulo completo del libro, empieza con la elaboración de un orden del día que debe formar parte de la convocatoria del consejo.

Como norma general, los consejos deberían incorporar al orden del día los siguientes puntos:

1. Revisión de acuerdos previos: revisión de los acuerdos vigentes tomados en reuniones previas y de las desviaciones y medidas correctoras asociadas, en especial, si se está incumpliendo la fecha límite asignada, y, si no se hizo al final del consejo previo, revisión del acta del anterior consejo. Si no hay desviaciones ni retrasos en el cumplimiento de los acuerdos que merezcan ser revisados o comentados, este punto puede durar escasos minutos. Para conseguirlo, es muy eficiente que la información sobre el grado de cumplimiento de los acuerdos

que precisan seguimiento haya sido actualizada poco antes de la sesión del consejo.

2. Revisión de cuadro de mando y hechos relevantes: revisión de los principales KPI, con especial énfasis en aquellos que hayan sufrido una sensible variación respecto a reuniones anteriores o reflejen desviaciones relevantes en relación a la previsión. Revisión del apartado de «Hechos relevantes» del *pack* de documentación[14]. Valorar si conviene dedicar tiempo de la reunión a profundizar en los puntos que puedan requerirlo o asignar tiempo en próximas reuniones de consejo o reuniones específicas. En el caso de posponer asuntos, será recomendable valorar la necesidad de información adicional para prepararlos convenientemente.

3. Revisión de los objetivos del consejo y del orden del día: una vez revisados los puntos 1 y 2, es recomendable analizar los objetivos concretos del consejo y el propio orden del día, por si requieren ser ajustados teniendo en cuenta el tiempo disponible. Los asuntos que hayan podido aflorar de la revisión de los puntos anteriores se recogen en el siguiente punto 4.

4. Asuntos a tratar: este epígrafe del orden del día conforma el grueso de la sesión de consejo en base a la relación de asuntos que deben ser tratados de forma específica y a los que se asigna el tiempo concreto, suficiente y acorde a su importancia

---

14 Consultar el anexo I («Recomendaciones relativas a la información necesaria para la preparación de las reuniones de consejo») para detalles sobre el contenido del *pack* de documentación para los consejeros.

y complejidad. Es recomendable que se especifique la documentación suministrada para la preparación de cada punto, así como si se prevé que alguno de los consejeros o invitados vaya a ser quien dirija el debate o haga alguna presentación introductoria.

5. Revisión de acuerdos y de contenidos para el siguiente consejo: el consejo termina con la revisión de los acuerdos adoptados, para asegurar que han sido convenientemente recogidos en el acta (y/o en el documento o herramienta de seguimiento que se use). Es una buena práctica, en mi opinión, indispensable, que los acuerdos que impliquen acciones a ser llevadas a cabo tengan asignados, al menos, un responsable y la correspondiente fecha límite o fecha objetivo de ejecución. Redactar el acta por parte del secretario mientras se desarrolla el consejo es una buena práctica, ya que los argumentos, debates y acuerdos que deban ser incluidos y revisados por los participantes se mantienen frescos en la memoria. Conviene, asimismo, hacer constar las asistencias e inasistencias y firmar el acta al acabar. Se deberá prever un cierto tiempo para que todos los consejeros la revisen y corrijan, si es el caso. De igual forma, se aprovecha para confirmar la fecha, el lugar y los contenidos del próximo consejo, bien se trate de uno previsto en la planificación anual o de uno extraordinario que pudiera haberse acordado.

Personalmente, no soy partidario de extensas actas expositivas en las que se recogen los debates y puntos de vista de todos los participantes, aunque a veces puede convenir recordar lo esencial o las conclusiones para que la memoria no nos juegue una mala pasada y se puedan consultar a futuro. No es infrecuente que, con el acuerdo de todos los participantes, las sesiones de consejo puedan grabarse para posterior consulta en caso necesario.

El liderazgo del presidente es especialmente relevante durante el desarrollo de la reunión, pues ha de modular la intervención de los diferentes consejeros para asegurar que sus contribuciones son las óptimas, sin caer en ineficiencias evitables. Esta función aumenta de relevancia cuanto menos cohesionado y consolidado esté el grupo y cuanto mayor sea el número de asistentes.

El objetivo de la facilitación es asegurar que los temas propios del consejo (que incluyen los que corresponden según lo previsto en la planificación anual y los temas *ad hoc* que hayan podido surgir) se debatan con la profundidad y amplitud suficientes, pero con eficiencia. Todo ello, conforme a la revisión del orden del día realizada al inicio de la reunión.

Durante la reunión, es importante conducir los debates hacia la toma de decisiones y, si esto no es posible, hacia la toma de medidas encaminadas a conseguirlo en próximas convocatorias.

También es responsabilidad del presidente crear la seguridad psicológica necesaria para que el grupo rinda lo mejor posible. Su forma de liderar y moderar las sesiones tiene un alto impacto en cómo se desenvuelve el grupo, por ejemplo, propiciando la participación de todos los miembros o estando atento al lenguaje no verbal de los participantes y actuando en consecuencia.

Para quien tenga interés en profundizar en los factores clave para el desarrollo del equipo de alta rendición, le recomiendo consultar el contenido del anexo II («Algunas consideraciones y modelos conceptuales acerca del funcionamiento de los equipos»).

– *Después de las reuniones de consejo.* Con posterioridad al consejo o, idealmente, al final de este (cuando todo lo debatido está aún fresco y reciente), es recomendable compartir el acta de acuerdos y asegurar que todo está conforme por parte de todos los participantes (especialmente, antes de su firma, en caso de consejos de administración formales).

Si el acta de acuerdos está bien hecha y se ha compartido, cada uno de los miembros del consejo tendrá una asignación de tareas con una fecha de cumplimiento asociada. En caso de que se haya asignado tareas a terceras personas, será función del presidente, o de la persona en quien este delegue, compartir dicha información con los interesados y hacer el correspondiente seguimiento.

Hay multitud de formas de hacer seguimiento de los acuerdos, algunas de ellas específicamente creadas a tal efecto. Yo, en particular, cuando en la compañía no existen herramientas más sofisticadas (ver anexo I), utilizo una sencilla pero útil hoja de cálculo que muestra con un código de color «semafórico» el grado de seguimiento necesario de los acuerdos tomados y de las tareas asignadas en función de la comparación entre las fechas de vencimiento asociadas a cada una de ellas y la fecha presente. La hoja también recoge un histórico de los aplazamientos de fechas límite establecidas, en caso de que se produzcan prórrogas, que permite revisar la eficacia y la eficiencia en el cumplimiento de los acuerdos por parte de todos los implicados. Esta herramienta me permite filtrar por responsable, por ejemplo, de forma que puedo revisar (y enviarle) las acciones asignadas a cada persona al finalizar la reunión o antes de reunirme o mantener una conversación con ella en cualquier momento.

Además, es una buena práctica, entre sesiones de consejo, hacer seguimiento e interesarse por el estado de las tareas pendientes. No está de más ofrecer ayuda si está en nuestra mano. Y también es importante informar de los avances relativos a las decisiones acordadas durante las reuniones, especialmente, si pasa mucho tiempo entre sesiones de consejo.

A continuación, me detendré en dos elementos a considerar como palancas que pueden ayudar a que los consejos funcionen con mayor eficacia y eficiencia, más allá de lo relacionado directamente con el desempeño de las reuniones, su preparación o su posterior seguimiento.

Digitalización y ciberseguridad

La digitalización puede implicar cambios muy relevantes en los modelos de negocio, pero, a efectos de los órganos de gobierno, su consecuencia inmediata es que ofrece una serie de oportunidades de eficiencia y seguridad.

En el mercado hay diversas herramientas al servicio de los órganos de gobierno. En concreto, algunas de ellas permiten establecer un portal para el consejo de administración. Entre otras cosas, dan acceso a un posible repositorio de documentación al servicio de los consejeros que permite cargar, actualizar, consultar, descargar y firmar, en caso necesario, todo tipo de documentación. Se trata de un proceso ágil, controlado y seguro, a través del cual se puede conceder permisos de acceso y descarga configurables. Por ejemplo, permite bloquear el acceso de un consejero en particular a la documentación relacionada con asuntos que impliquen para él un conflicto de interés o incompatibilidad. Asimismo, posibilita, por ejemplo, votaciones electrónicas seguras, tanto en sede de consejo como entre sesiones y pone al servicio de los consejeros sistemas de comunicación segura entre ellos (*one to one* y *one to many*), herramientas de redacción de actas digitales, de seguimiento de acuerdos y tareas y de evaluación de rendición. Algunas, incluso, ofrecen *clippings* de prensa selectivos y configurables o bases de datos de candidatos para renovar o completar el propio consejo cuando es necesario.

La reciente pandemia de la COVID-19 ha supuesto un acelerador para la implantación de este tipo de herramientas tecnológicas que facilitan, entre otras cosas, la participación de consejeros y ejecutivos ubicados en cualquier parte del mundo.

Autogobierno

Por último, me gustaría recordar la necesidad de que el consejo se autogobierne.

El autogobierno empieza por asegurar la composición adecuada del propio consejo e incluye determinar su estructura (comisiones y grupos de trabajo), especialmente, la designación de la figura del presidente (que puede ser ejecutivo o no ejecutivo) y del consejero delegado, así como de sus respectivas funciones y atribuciones, persiguiendo un adecuado equilibrio de poder.

Sin un líder comprometido y capaz (presidente, consejero coordinador o secretario) o una comisión específica de buen gobierno que impulsen el correcto funcionamiento de todo el proceso asociado a los consejos, no será fácil que las cosas ocurran por sí mismas con eficiencia y se consigan resultados. La entropía no es solo un concepto asociado a la termodinámica, también afecta a cualquier organización como tendencia natural a la pérdida de orden del sistema. En este sentido, los órganos de gobierno no son una excepción.

Como parte del autogobierno, puede cobrar sentido el desarrollo de un código ético y de conducta y de un reglamento del consejo de administración.

El primero forma parte de la normativa interna que guía la actuación de los consejeros. Puede formar parte del código ético diseñado para el conjunto de la compañía en el marco del cumplimiento normativo o de las recomendaciones de buen gobierno y que pueden incluir a los órganos de gobierno, o bien, puede tratarse de un documento *ad hoc* para el consejo. En cualquier caso, es importante que exista, que sea público y que todos los consejeros lo conozcan, muestren su conformidad, se adhieran al mismo y lo cumplan. Para asegurar su efectividad, el código debe estar acompañado del consiguiente régimen sancionador y de los necesarios canales de denuncia.

El segundo está constituido por el conjunto de normas de régimen interno, organización y funcionamiento y es obligatorio y de carácter público en sociedades cotizadas. Incluye la organización interna del consejo en términos de comisiones y los criterios de funcionamiento los objetivos y la composición de estas. El reglamento hace hincapié en el procedimiento específico para el nombramiento y cese del secretario, así como para la supervisión y aprobación, en su caso, por parte del consejo de las operaciones vinculadas o que puedan suponer cualquier conflicto de interés relacionado con accionistas significativos o consejeros.

CAPÍTULO 9.

LOS CONSEJEROS: ¿QUIÉN DEBE FORMAR PARTE DE UN CONSEJO Y CUÁL DEBE SER SU PERFIL? ¿CÓMO Y CUÁNDO RENOVAR EL BANQUILLO?

«Cualquiera que imagine que puede trabajar solo
termina rodeado de nada más que rivales, sin
compañeros. El hecho es que nadie asciende solo».
Mi vuelta a la vida (2000), Lance Armstrong

Cuando hablamos de personas y relaciones interpersonales, las cosas suelen ser mucho más complejas de lo que nos gustaría. Basta un ejemplo para comprenderlo: me temo que es más difícil criar a un adolescente que construir una nave espacial y llevarla a Marte (con todos mis respetos por la NASA). No sé si más laborioso, pero más difícil, sin duda. Las personas somos entidades complejas, cargadas de emociones, recuerdos, experiencias, aprendizajes, cicatrices... y de *nuestras propias circunstancias,* como diría el gran Unamuno. De eso va este capítulo, de las personas.

Si has llegado hasta aquí, después de ocho capítulos y más de ciento cincuenta páginas, imagino que estarás convencido de lo que un consejo puede hacer por tu organización y de por qué es importante disponer del apoyo de uno que funcione adecuadamente, a pesar de las dificultades que esto implica. Cuando ya tenemos claros los objetivos, la estructura y la organización, las funciones y el método, llega el momento de pensar en las personas que deben formar parte del equipo: ¿a quién le ofrezco que se suba al barco? Es una decisión importante. En los consejos se tratan asuntos muy serios, algunos, muy sensibles y confidenciales, que afectan al futuro de la empresa, de muchas personas y del patrimonio de los accionistas. Además, no se puede corregir el tiro sobre la marcha e ir cambiando de consejeros como de camisa. Los equipos tardan en consolidarse y cada cambio supone unos cuantos retos (entre los que se incluye comunicar a alguien que ya no cuentas con sus servicios y terminar esa relación profesional). Así pues, ¿cómo determinamos el perfil necesario o, mejor dicho, los perfiles necesarios? ¿Y cómo seleccionamos a potenciales candidatos y los subimos a bordo?

En el segundo capítulo vimos que una de las causas fundamentales del mal funcionamiento de un consejo es que, en muchas ocasiones, sus miembros no tienen el perfil adecuado. No tienen el conocimiento, las competencias, la actitud o la ética necesarios para desempeñar su papel con eficacia.

Se trata de entender cuál es el perfil necesario y cómo identificarlo como parte del proceso para resolver una ecuación que nos lleve al mejor órgano de gobierno posible, considerando las «constantes» con las que debemos contar y «jugando» con las «variables» que están a nuestro alcance para completar el puzle. Cuando menciono «constantes», me refiero al hecho de que algunas de las sillas del consejo estarán ocupadas por personas que no podemos escoger, ya que les corresponde participar personalmente (como el CEO o ciertos accionistas que ejercen su derecho a ocupar una posición) o porque son elegidas por aquellos accionistas que,

174

de forma autónoma, eligen a sus consejeros (en este caso, dominicales). Las «variables» a nuestro alcance son las posiciones que podemos ocupar con consejeros independientes o influyendo sobre la elección de dominicales para completar el mosaico.

Aunque lo que trataremos en este capítulo puede ser una buena guía para valorar especialmente el perfil de los consejeros independientes que debamos incorporar a nuestros órganos de gobierno, también aplica al resto de consejeros en la medida en que contribuya a escoger entre diferentes opciones y/o a identificar ámbitos de mejora que puedan trabajarse para acercar el perfil de todos los consejeros al deseable en cada caso y situación.

Tipos de consejeros

Antes de profundizar en cómo debe ser la composición de nuestros órganos de gobierno (y en las características que deben tener las personas que idealmente formarán parte de ellos), empecemos por entender los diferentes tipos de consejeros que pueden darse en base a su función de representación y a su vinculación con la organización, sean consejeros ejecutivos o no ejecutivos (estos últimos, dominicales o independientes):

– *Consejeros ejecutivos:* son consejeros que desempeñan, simultáneamente, funciones ejecutivas en la dirección de la compañía o en cualquiera de sus sociedades participadas (independientemente de la tipología de relación contractual con ellas), o bien, que tienen poder de decisión en alguna de ellas conforme a delegación o apoderamientos estables.

Los casos más evidentes son los del consejero delegado (CEO) y el presidente ejecutivo, que, siendo el primer ejecutivo al mando de las operaciones y la persona en la que se delegan algunas facultades del consejo, forma parte de este y ejerce sus funciones bajo la supervisión del propio consejo.

En algunas ocasiones, otros directivos (aparte del primer ejecutivo) pueden desempeñar también funciones de consejero tanto en el consejo «corporativo» como en el de sociedades participadas. Sin embargo, en mi opinión, esta es una práctica poco recomendable, ya que es fácil caer en situaciones de conflicto de interés en el cual la dependencia jerárquica de otro miembro del consejo condiciona su independencia de criterio. Suele ser mejor idea invitar puntualmente (a reuniones o a puntos concretos de las mismas) cuando es necesario o recomendable.

– *Consejeros dominicales:* son aquellos consejeros externos (no implicados directamente en la gestión ejecutiva de la compañía) que lo son en su condición de accionistas de la sociedad o en representación de estos (ya sean accionistas individuales o agrupados).

Puede tratarse de accionistas directos que ejercen su derecho a ocupar una silla del consejo según los acuerdos estatutarios vinculados a sus participaciones accionariales o de un profesional que los represente en la función sin tener, por su parte, participación alguna en el capital.

Su naturaleza externa viene determinada por el hecho de no estar implicados en la gestión ejecutiva.

– *Consejeros independientes:* son consejeros también externos que no tienen vinculación formal con los equipos directivos ni con la propiedad de la empresa y, por lo tanto, sin relación profesional, económica, familiar o de otro tipo con ellos. Se les escoge por su capacidad de aportar visión externa y criterio independiente (imparcialidad y objetividad de criterio).

En las compañías de una cierta dimensión en las cuales la propiedad está atomizada, habitualmente, juegan un papel relevante en la defensa de los intereses de los accionistas minoritarios no representados específicamente en el consejo. No obstante, como con cualquier otro consejero, su función debería ser velar por los intereses de todos los accionistas por igual mediante la defensa de los intereses de la compañía en su conjunto. En la visión largoplacista de los consejos que defiendo, lo que es bueno para uno debería serlo para todos y, aunque sea de cajón, lo que es bueno para todos es bueno para cada uno.

En la práctica, el consejero independiente permite desbloquear muchas discusiones internas, ya que los consejeros ejecutivos incorporan, inevitablemente, cierto sesgo por su implicación directa en la gestión y los consejeros dominicales pueden tener a veces un conflicto de interés vinculado a cuestiones que no representan a la globalidad de los grupos de interés. Por ejemplo, es habitual que se produzca un conflicto de interés entre un consejero dominical, que tiene interés en un reparto agresivo de dividendos como consecuencia de sus necesidades económicas a corto plazo, y los consejeros ejecutivos, más preocupados por la capitalización de la compañía que permita afrontar inversiones. Aunque con visión de largo plazo, y teniendo en cuenta a todos los grupos de interés, puede parecer sencillo vislumbrar la mejor política de distribución

177

del resultado, a corto plazo puede darse un choque de intereses entre los diferentes grupos. Los consejeros independientes, con su aportación de objetividad, pueden ayudar a resolver el conflicto equilibrando los diferentes puntos de vista y ayudando a tomar una decisión adecuada tanto a corto como a largo plazo. Como principio general, en el enfoque de las reflexiones del consejo debe prevalecer el largo plazo. Es evidente, pues, que el conflicto de interés del ejemplo de este párrafo tiene que ver con el enfoque cortoplacista tanto de los consejeros ejecutivos, que prefieren preservar todos los recursos posibles dentro de la compañía, como de los consejeros dominicales, con necesidades económicas presentes. El consejero independiente no está directamente afectado en su decisión por ninguno de los dos motivos.

Por último, como elemento de reflexión, es bueno considerar que el marco normativo de las empresas cotizadas limita a doce años el mandato de un consejero para seguir considerándolo independiente. Esto no impide que la misma persona siga siendo consejero de la sociedad, pero ya no se podrá considerar independiente, y tampoco dominical ni ejecutivo, así que, en esta situación, el consejero queda en un limbo desde la perspectiva de su clasificación. En algunas ocasiones, el presidente no ejecutivo responde a este perfil, dando así una solución de continuidad a un consejero que sigue aportando valor, pero cuya continuidad podría estar, de otra forma, cuestionada.

Entender esta clasificación, que responde a la naturaleza de su derecho de representación y a su vinculación con la organización, es importante porque, en algunos casos, las personas que ocupan sus posiciones de consejo no pueden ser sustituidas por otras (o al menos, no estará en nuestra mano hacerlo).

Seguramente, en el mercado tendremos diversas opciones válidas entre las cuales escoger consejeros independientes, pero el primer ejecutivo de la compañía es uno concreto (que no puede cambiar, a no ser que lo sustituyamos por otra persona).

Los consejeros dominicales serán, directamente, accionistas que ocuparán su silla en el consejo por su condición de propietarios y, mientras que las acciones no cambien de manos, tampoco lo harán ellos. Alternativamente, en caso de elegir profesionales que los representen, esta será una decisión que tomarán los accionistas representados y que no necesariamente coincidirán con nuestros criterios de selección.

Por lo tanto, cuando diseñemos la composición de un consejo, es importante ser conscientes de que, como reflexionábamos al inicio del capítulo, algunas de las sillas ya estarán ocupadas, serán una «constante» de la ecuación y lo máximo que podremos hacer con ellos será trabajar sus carencias para mejorar su adecuación al perfil ideal, pero no sustituirlos. Los consejeros independientes son los que constituyen las verdaderas «variables» de la ecuación. Son los que se pueden seleccionar sin el tipo de condicionamientos que afectan a los demás consejeros, y son, además, los que deberían completar la mesa del consejo con sus características particulares en cuanto a experiencia, conocimiento, capacidades, actitud y ética.

Siempre que la estructura de propiedad y la dimensión de la compañía lo permitan, es muy recomendable combinar los diferentes perfiles de consejero, de manera que se incorporen el conocimiento de las operaciones a través de consejeros ejecutivos, la distancia y la perspectiva a través de consejeros externos y la independencia de criterio y la objetividad a través de consejeros independientes.

Además, los consejeros externos deberían ser mayoría, y cuantos más independientes, mejor (especialmente, cuando no hay un claro accionista de control). Esto es así porque juegan un importante papel en situaciones en las que los intereses de la dirección, de la empresa y de sus accionistas podrían colisionar, como puede ser la remuneración de los directivos, la planificación de la sucesión, los cambios de control corporativo, los mecanismos de defensa frente a las absorciones, las grandes adquisiciones y la función de auditoría.

Por otra parte, es una buena práctica, como principio general de actuación, que el consejo no tenga un número inferior a cinco miembros, que se reúna al menos cinco veces al año (idealmente, diez, y en el caso de las comisiones, seis) y que los consejeros externos (no ejecutivos) se reúnan por separado de forma periódica (en algunos países, esta es una exigencia legal para las compañías cotizadas). Asimismo, conviene que estos últimos participen en eventos y reuniones internas para asegurar que no hay una fractura entre los debates en los consejos y lo que pasa en los negocios. Si el rol de apoyo y contribución de los consejeros está bien explicado y la actitud de los consejeros es la adecuada, no deberían ser nunca mal recibidos en los ámbitos operativos.

En cuanto al número máximo de consejeros, no existe un límite legal, pero superar los nueve o diez suele impactar negativamente en la eficiencia. Si aumentamos el número adicional de consejeros, la ineficiencia crece exponencialmente. En estos casos, se suele requerir la constitución de una comisión delegada.

Combinar esta diversidad de consejeros, teniendo en cuenta, además, la matriz de conocimientos y capacidades complementarias de los mismos (que deben servir a las necesidades de la compañía alineadas con sus objetivos), puede ser un verdadero quebradero de cabeza. En cualquier caso, hacer el ejercicio es tremendamente recomendable y nos ayudará a conformar el mejor equipo posible para sentarse en la mesa de consejo.

Criterios para la conformación del consejo y la selección de candidatos

Obviamente, no existe el candidato perfecto, ni tampoco la combinación de consejeros perfecta. Y, en la mayoría de las ocasiones, como ya hemos visto, una parte relevante de los consejeros (especialmente, cuando son consejeros ejecutivos o dominicales) es difícilmente sustituible. Se trata, en cualquier caso, de construir el mejor consejo posible jugando con las variables de la ecuación, no con las constantes.

Por lo tanto, lo primero es entender la situación de partida. ¿Cómo es la compañía? ¿Cuáles son su plan estratégico y los retos que afronta? ¿Cómo es la propiedad y qué intereses tiene? ¿Cómo es el equipo de gestión? ¿Existe ya un consejo? ¿Cómo funciona? ¿Quiénes y cómo son esos consejeros que constituyen piezas fijas del puzle?

Cuando entendamos el punto de partida y los objetivos generales y estratégicos, podremos empezar a pensar en el tipo de consejo que necesitamos, en los objetivos concretos del propio consejo y en sus condicionantes. A partir de aquí, en consecuencia, comenzaremos a pensar en el perfil de consejeros que necesitamos para constituir o completar un consejo que tenga posibilidades de aportar valor y cumplir con las expectativas.

No obstante, antes de analizar los elementos concretos del perfil de los consejeros que debemos buscar, atraer y convencer, hay que valorar algunos criterios relativos a la conformación del grupo que deben considerarse desde la perspectiva global.

– Criterios de conformación de grupo:

- *Inclusión y diversidad:* cuando hablamos de consejos, la uniformidad de perfiles es un problema.

  Los perfiles similares aportan poco valor diferencial porque suelen tener experiencias y formas de pensar similares. En el mejor de los casos, la uniformidad hará que algunos consejeros no digan nada porque no tendrán nada diferente que aportar y tendrán el buen criterio de callar para no hacer perder el tiempo a nadie diciendo lo que para los demás es obvio o repitiendo lo que ya se ha dicho. En el peor de los casos, llevarán los debates hacia lugares estériles, y a veces, inverosímiles, porque sentirán la necesidad de poner en valor su aportación única y diferencial, que debería justificar su presencia. Se trata de evitar rememorar aquella célebre frase de Conan Doyle en la que Holmes le decía a Watson: «Posee usted el don inapreciable de saber guardar silencio. Eso lo convierte en un compañero de valor incalculable». En los consejos, todo el mundo debería hablar y expresar su opinión, al menos, en determinadas situaciones, y la única forma de hacerlo aportando valor es con un punto de vista diferente, pero relevante.

  La inclusión y la diversidad, sean del tipo que sean (nacionalidad, género, edad, experiencia funcional, origen étnico, etc.), son fuentes de inspiración y de oportunidades. Un consejo en el que no hay debate de calidad y puntos de vista diferentes y complementarios es una pérdida de tiempo.

A modo de ejemplo, y aunque no es habitual y quizá haya otras formas mejores de conseguir el mismo objetivo, hay compañías que incluso incorporan intencionadamente a su consejo a alguien con capacidad de representar específicamente a los trabajadores, entendiéndolos como uno de los principales grupos de interés que condicionan el éxito de la empresa. En estos casos, no se trata de incluir representantes legales de los trabajadores o representantes sindicales en base a su función de reivindicación, sino de incorporar a un miembro del consejo elegido por los accionistas con el objetivo de dar voz a un determinado grupo de interés que consideran esencial para valorar aspectos relacionados con la cultura o la satisfacción del talento, por ejemplo.

No obstante, también hay que tener cuidado. La diversidad *per se,* sin un sentido predeterminado, puede ser a su vez una fuente de caos si no se diseña con cierto cuidado y no se dan las circunstancias para que su gestión sea productiva.

En este apartado, merece la pena hacer una mención especial y sin ambigüedades a la diversidad de género y, en particular, a la inclusión de mujeres en los órganos de gobierno de las compañías. No se trata de ser políticamente correctos, sino de reconocer con objetividad los hechos: los consejos que integran mujeres son mejores y aportan más valor a las compañías. Punto. Sin matices. Es lo que demuestran innumerables estudios con relevancia estadística y técnicamente bien hechos, sin sesgo.

Si alguien tiene dudas al respecto, puede consultar los numerosos estudios que muestran una correlación inequívoca entre un mayor número de mujeres en la dirección y el gobierno de las compañías y la generación de valor que estas compañías producen. En particular, es especialmente ilustrativo el estudio elaborado en septiembre de 2021 por el Credit Suisse Research Institute (titulado *«The CS Gender 3000 in 2021: Broadening the diversity discussion»*), del cual reproduzco el siguiente gráfico, que muestra cómo mejora, a lo largo de los años, el precio por acción de las compañías en la medida en que estas tienen mayor porcentaje de mujeres en sus equipos de gestión. A mayor porcentaje de mujeres, mejor es la evolución del precio de la acción.

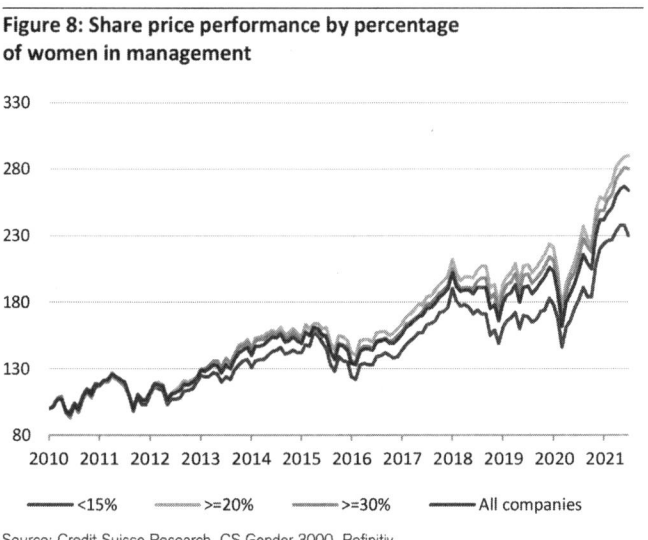

Figure 8: Share price performance by percentage of women in management

Source: Credit Suisse Research, CS Gender 3000, Refinitiv

Para quien quiera profundizar en este asunto, el estudio es prolífico en datos y análisis e incluye un apartado concreto relativo a la diversidad de género en las empresas familiares y otro que analiza las diferencias negativas en la compensación económica que perciben las mujeres.

En el apartado de bibliografía que figura al final de este libro, enumero otros interesantes estudios sobre el mismo asunto publicados por McKinsey&Company, la *Harvard Business Review* o S&P Global. Todos aportan evidencias estadísticamente significativas en la misma dirección.

Equilibrar la participación de las mujeres en los órganos de gobierno no es solo una obligación moral, y legal en muchos casos, sino que es claramente rentable. Cualquiera de los tres motivos debería ser suficiente para actuar en consecuencia.

Dicho esto, mi opinión es que la inclusión de mujeres en los consejos genera valor, pero no porque estas sean más inteligentes, estén mejor formadas o tengan más experiencia, sino porque los consejos son mayoritariamente masculinos y las mujeres en los consejos aportan la visión infrarrepresentada de un colectivo que, estadísticamente, representa al menos el 50% de la mayoría de *stakeholders* (empleados, clientes, sociedad en general, etc.). Su visión como parte de este colectivo es relevante. Esa es la clave. Llevado a otro ejemplo de diversidad, incorporar personas con diferente origen étnico o nacionalidad será relevante en la medida en que nuestra empresa tenga intereses asociados a dichos colectivos. Si, por ejemplo, nuestra empresa tiene la intención de iniciar una expansión internacional, pongamos por caso, en Asia, será relevante contar con consejeros de origen asiático (esto es, origen y conocimiento real de la región; tener los ojos rasgados no es suficiente si te has criado y has desarrollado toda tu carrera profesional en Europa o en Estados Unidos). Por poner otro ejemplo, si nuestros clientes objetivo son fundamentalmente jóvenes, quizá sea una buena idea incorporarlos al consejo.

En cualquier caso, la incorporación de diversidad no debe ser a costa de meritocracia. No se trata de incorporar mujeres a un consejo de hombres, o jóvenes a un consejo lleno de canas, simplemente porque sí, sino de valorar estas características en los consejeros de forma que podamos dar peso a estos criterios que quizá decanten la balanza cuando consideremos candidatos y valoremos todos los factores a tener en cuenta.

Tampoco se trata de cumplir con cuotas o de dar una imagen adecuada a lo que pensamos que valorarán otros *stakeholders* (incluidos analistas financieros o reputacionales). Personalmente, estoy a favor de las cuotas desde una perspectiva «macro»; si no se impulsan ciertas acciones por parte del legislador, las cosas a veces van demasiado despacio. Si estamos convencidos de que las mujeres aportarán valor diferencial con su equiparación en términos de presencia en los órganos de gobierno, hay que impulsar su incorporación desde la Administración, aunque la travesía hasta llegar al punto adecuado tenga ciertos costes. Sin embargo, desde la perspectiva «micro» que debe afectar al diseño del consejo de mi compañía, este será un criterio más a tener en cuenta en el difícil puzle que hay que componer.

En cuanto a la inclusión, es un factor indisociable de la diversidad. A riesgo de suscitar cierta polémica, y siguiendo con el ejemplo de diversidad de género, diré que cuando incorporamos mujeres a los consejos con el objetivo de incluir la visión de ese colectivo, estas deben ser representantes del mismo por afinidad. Incorporar mujeres que, por desgracia, se han visto obligadas a masculinizarse para sobrevivir y prosperar en un entorno agresivamente machista, que piensan y actúan como hombres, no servirá demasiado para contar con el punto de vista del colectivo femenino (aunque sean grandes profesionales y puedan aportar desde muchos otros puntos de vista). Quizá este ejemplo suscite controversia, pero es de igual aplicación a cualquier otro ángulo de diversidad. Si queremos a una persona asiática en el consejo, que incorpore diversidad desde la perspectiva de representar una diferencia cultural con Occidente, no nos aportará valor alguien con rasgos genéticos asiáticos pero nacido y criado en Occidente (desde esta perspectiva, sería mejor contar con un occidental criado en Asia). Dicho de otra forma, la diversidad, sin verdadera inclusión, no aporta el valor que supuestamente buscamos. Quizá sirva para cumplir con el expediente, pero para poco más.

• *Mapa de talento y de roles:* cuando hablamos de mapear el talento de un consejo, nos referimos a:

1. Determinar los diferentes ámbitos de talento, experiencia y conocimiento que pensamos que es necesario incorporar a nuestro consejo, para asegurar (o intentar) que, una vez construido el puzle

con los diferentes consejeros, contamos con ese talento dentro del consejo, bien sea de forma homogénea por parte de todos los consejeros o, cuanto menos, a través de alguno o algunos de ellos.

2. Cuando no es de nueva creación, evaluar el talento de los actuales miembros del consejo.

3. Contrastar el talento disponible con el necesario, para intentar así completarlo con nuevos consejeros que aporten el conocimiento faltante o formando, en la medida de lo posible, a los actuales consejeros en sus carencias, que siempre las hay.

En cuanto a los roles, el proceso es similar. Se trata de intentar completar los roles que, de forma natural, detentan los miembros del consejo con otros que aportan valor desde la perspectiva de la dinámica del grupo, a fin de generar valor en los procesos de debate y de toma de decisiones de forma eficaz y eficiente. En el anexo II («Algunas consideraciones y modelos conceptuales sobre el funcionamiento de los equipos»), se analizan con mayor profundidad algunos aspectos relacionados con el mapa de roles y ciertas las herramientas que pueden usarse para trabajarlo.

– Criterios para la elaboración del perfil individual de los consejeros:

Pasemos ahora a analizar los aspectos para confeccionar un perfil que nos ayude a pensar en nombres concretos para nuestro consejo o a pedir a un cazatalentos que nos ayude en el proceso, especialmente, cuando se trata de identificar y atraer a consejeros independientes.

- Formación y experiencia variada, generalista y holística:

En muchas ocasiones, la contribución de un consejero en particular se basa en su experiencia y en su conocimiento sobre un ámbito concreto que constituye un reto para la organización. Este es un buen motivo para contar con su consejo. Pero también hay otras formas de disponer de este consejo y experiencia sin necesidad de incorporarlo como miembro permanente de un órgano de gobierno, especialmente, si ese es el único motivo. Para poder contribuir con éxito al equipo, son necesarias, además, otras características.

En mi experiencia, la mayor contribución en los consejos se produce a través de personas con, al menos, cierta formación holística, con interés por casi todo (en contraposición al superespecialista, que, como digo, puede aportar valor puntualmente cuando se le necesita y se le requiere, quizá como consultor). Esta visión más abierta de las cosas, y de la vida en particular (incluida la profesional), permite tomar distancia y tener una mejor visión de conjunto, ambas cosas, necesarias para el rol de un buen consejero.

Aunque no siempre es así, la edad suele ser un factor determinante. Peinar canas no solo permite, por razones obvias, haber tenido la oportunidad de acumular una experiencia mayor, y normalmente, más variada, sino que también suele ayudar a conformar un carácter más sosegado, con el ego más «trabajado». Por supuesto, hay excepciones. No todo el mundo desarrolla sus capacidades ni acumula experiencia de la misma forma, pero sí hay correlación entre una cierta madurez y el tipo de experiencia, capacidades y actitud adecuadas para aportar valor en los consejos (distintas, como ya hemos reflexionado en capítulos anteriores, a las ideales para desempeñar un rol ejecutivo).

- El conocimiento:

El conocimiento es necesario para transformar la opinión en criterio. Sin embargo, lo más importante es entender que el tipo de conocimiento que precisamos depende de los retos que la organización afronta y que estos cambian con el tiempo.

Uno de los errores más comunes es pretender que los miembros del consejo sean expertos en nuestro propio negocio (o en áreas funcionales concretas que se solapan con los roles ejecutivos). Aunque para enmarcar los debates es importante que se tenga cierto grado de conocimiento del negocio (que puede ser adquirido en lo fundamental con algún tipo de inmersión), difícilmente tiene sentido que los consejeros sepan más de nuestro negocio que nosotros mismos. No tener el mismo conocimiento sobre nuestro negocio no los invalida para aportar valor y, de hecho, en muchas ocasiones, puede ser incluso mejor.

Otro error habitual es buscar un perfil uniforme en los consejeros, también en cuanto a sus conocimientos. Cuanto más se parezcan entre sí, más homogénea será su forma de pensar y menos valor aportarán en su conjunto. Lo ideal es contar con consejeros que cuenten con ámbitos de conocimiento y especialización diferenciados, pero complementarios, y, sobre todo, acordes a los retos que se afrontan. Si, por ejemplo, la compañía afronta un reto de internacionalización, será bueno que alguno de los consejeros tenga una buena experiencia en este campo. Eso hará que su mejor criterio relativo a tales asuntos confiera mayor peso a su posición. Si, además, la compañía afronta un reto, por ejemplo, de renovación del talento o de orientación al mercado, es recomendable que en el consejo se cuente con miembros que aporten experiencia en tales ámbitos.

Lo mismo ocurre con el propio gobierno corporativo. Si la organización necesita mejorarlo, lo ideal es contar con algún consejero cuya experiencia y conocimiento se centren en este aspecto.

Esto es especialmente importante en las empresas familiares, en las cuales tener experiencia, empatía y afinidad con sus casuísticas específicas es esencial.

Obviamente, las personas que forman parte de consejos suelen tener unas cuantas canas, su experiencia no suele centrarse en un único ámbito de conocimiento y suelen poder aportar en diferentes cuestiones. Sin embargo, como decíamos, lo importante es que tengamos experiencia asegurada en relación a los retos que la compañía afronta. Y, dado que los retos tienen, por lo general, un horizonte temporal hasta que se superan, esto mismo confiere temporalidad a la vigencia de aportación de valor por parte de un determinado perfil de conocimiento del consejero.

En cualquier caso, para garantizar que los consejeros tengan un mínimo y suficiente conocimiento sobre el negocio y la empresa, es muy recomendable cierta inmersión por parte de los consejeros externos. Conviene incluso que, cuando sea claramente bien percibido por el primer ejecutivo, puedan participar en algunas reuniones internas clave en las que, por ejemplo, se debatan y fijen planes anuales de actuación para conocer cómo piensan y actúan los directivos clave. Sin embargo, para hacer posible que este tipo de reuniones con participación de consejeros ocurran sin que resulten amenazadoras para el primer ejecutivo, es imprescindible que la dinámica de funcionamiento del consejo y las relaciones que se establecen con el primer ejecutivo sean positivas y constructivas. Si el consejo se percibe como un órgano inquisidor y fiscalizador, y no como un instrumento sincero de apoyo a la gestión (lo que no siempre es evidente y sobre lo que tampoco sirve de nada preguntar directamente), será mejor evitar este tipo de participaciones y pensar en fórmulas alternativas. Un buen indicador de la salud de las relaciones y de que el primer ejecutivo entiende la función del consejo es que el primero proponga por iniciativa propia la participación de consejeros en reuniones internas del equipo de gestión. En caso contrario, habrá que valorar con mucho cuidado la conveniencia de este tipo de intervención.

- Las habilidades (competencias):

Algunas de las competencias necesarias para aportar valor en los consejos, como la capacidad de análisis o de trabajo, son evidentes. Pero muchas otras, al menos tan importantes como las previas, no lo son tanto y con frecuencia se obvian o infravaloran, lo que supone un grave error de consecuencias nefastas.

La mayoría de las personas que llegan a un consejo por méritos profesionales propios suelen hacerlo tras una larga carrera profesional de éxito. Si se hacen mínimamente los deberes, es difícil que alguien contrate a un consejero externo o dominical que no haya hecho bien las cosas durante muchos años en los ámbitos operativos y ejecutivos. Nadie cuestiona su capacidad como ejecutivo. Sin embargo, las capacidades para hacer bien las cosas en los consejos deben ser otras adicionales que no tienen por qué coincidir necesariamente con las que le hicieron tener éxito durante la carrera ejecutiva. Además, dichas capacidades complementarias estarán por demostrar, especialmente, cuando no hay experiencia previa en participar en otros consejos.

Un ejemplo bastante evidente, que ilustra una de las principales diferencias entre responsabilidades ejecutivas y de gobierno corporativo, es el siguiente: como ejecutivos, una de las principales competencias a desempeñar es la capacidad de ejecutar, de hacer que las cosas pasen de forma eficiente (no es casualidad que a los directivos se les adjetive con el término «ejecutivos»). Sin embargo, en los consejos, especialmente cuando estos tienen una finalidad principalmente estratégica (de impacto a largo plazo), la capacidad de ejecutar con velocidad pierde relevancia frente a la capacidad de analizar y debatir. Es más importante hacer las cosas bien que hacerlas rápido. Por supuesto, eso no quiere decir que las cosas puedan dilatarse sin necesidad y que la eficiencia y la orientación a resultados no sean también criterios básicos de funcionamiento para todo órgano de gobierno.

Los consejeros necesitan tener un alto grado de desarrollo de sus capacidades interpersonales, competencias que los anglosajones llaman *soft skills* y que incluyen la comunicación efectiva, la escucha activa, la empatía, el convencimiento, el diálogo y la negociación, la búsqueda de consensos, la crítica constructiva, el discernimiento del posicionamiento de los demás y del propio en situaciones de tensión o, sin ir más lejos, la paciencia y, sobre todo, el saber preguntar. Todas ellas son capacidades esenciales para la buena dinámica del grupo y, también, para poder retar constructivamente al CEO.

Entender cómo funcionan las dinámicas de los equipos de alta rendición y la complementariedad de los diferentes roles permite mejorar drásticamente la integración e interacción con el resto de los consejeros. Debería ser asignatura obligatoria para cualquier miembro de un consejo, ya que la capacidad de aportar valor por parte de un consejero es formal (como la que sí tienen, en cambio, los ejecutivos cuando actúan como tal).

Todas estas capacidades ayudan a introducir y hacer que se valoren los puntos de vista, y a evitar la tentación de rendirse a un comportamiento gregario que aporta confort personal pero no valor para la organización, y que tampoco responde a las obligaciones de los consejeros.

- La actitud:

Algunas actitudes están íntimamente relacionadas con rasgos de la personalidad y con las competencias mencionadas en el punto anterior. A veces es imposible cambiarlas.

La actitud es, en todo caso, uno de los factores de mayor importancia. Sin actitud no hay resultado. Una mala actitud por parte de los consejeros es, simplemente, como no tener altavoces en el equipo de sonido. Peor aún, es ruido distorsionado y a todo volumen. El operador en la ecuación es un multiplicador, por lo que, si la actitud es «cero», el resultado será también «cero».

Todos conocemos a personas cuya actitud les hace, casi siempre, formar parte del problema, y a otras cuya actitud las convierte en parte de la solución. Si nos rodeamos de personas del primer tipo, el conflicto estará servido. Si nos acompañamos de personas con actitud constructiva, será más fácil aportar y debatir soluciones de forma sinérgica.

Actuar con la atención debida y con el respeto profesional que implica no creerse mejor que los demás en todo o hacer gala de un escepticismo constructivo en los debates son rasgos de actitud deseables en todos los miembros de un órgano de gobierno.

Es especialmente relevante que los consejeros sean personas con sus egos «trabajados», para evitar que las reuniones de consejo se conviertan en peleas de gallos donde la soberbia intelectual hace que el objetivo de aportar valor se olvide y se convierta en un intento por ganar la discusión para defender el prestigio propio frente a los demás. Actuar como es debido implica flexibilidad intelectual para aprender y para renunciar a una postura si realmente crees que el argumento lo ha ganado otro.

- La ética:

El comportamiento ético por parte de los consejeros es esencial por algunos motivos que no siempre son evidentes. Sin embargo, es un concepto difícil de evaluar en las personas. No sirve de nada preguntarles a ellas mismas. Aparte de referencias de terceras personas de confianza, quizá lo más indicativo pueda ser revisar la historia de la gente, que seguro está repleta de actuaciones concretas que corresponden a sus valores y principios de actuación más arraigados. Las buenas personas suelen tener un saldo de buenas acciones y «números rojos» en los casos contrarios. Esto no quiere decir que las personas no puedan cambiar, o que no puedan actuar de forma distinta en situaciones diversas, pero suele haber una fuerte correlación entre el historial de comportamiento y lo que se puede esperar del futuro. El comportamiento ético refleja la congruencia entre lo que se piensa, lo que se dice y lo que se hace.

En cualquier caso, lo importante a efectos del gobierno corporativo es que la ética personal constituye un determinante de la independencia de criterio. Si queremos saber lo que de verdad piensan los consejeros, necesitamos verdadera independencia de criterio, que los consejeros no se sientan condicionados por conflictos de interés que les afecten ni por las relaciones de poder o interés que puedan establecerse o que se persigan. Si nos rodeamos de aduladores, conseguiremos que nos digan lo que queremos oír o, peor aún, contaremos con supuestos consejeros que anteponen sus intereses personales a los de los accionistas o compañías a las que sirven.

Se habla mucho de cómo asegurar la verdadera independencia de criterio (especialmente, de los consejeros independientes, no dominicales). Pues bien, esto se consigue, por ejemplo, limitando su compensación económica para que no dependan de ella en excesiva medida y no se sientan condicionados hacia quien puede decidir sobre su continuidad en el consejo.

No obstante, lo único que garantiza la verdadera independencia de criterio es una sólida ética basada en valores personales profundamente arraigados. La integridad personal es el valor central del comportamiento ético. Alguien con estos valores no se dejará condicionar en ninguna circunstancia. En caso contrario, no hace falta mucho para incidir en una actuación que puede llegar a ser más contraproducente que valiosa.

La ética también tiene implicaciones en sentido opuesto. No solo está relacionada con la fortaleza para no dejarse influir de forma interesada, sino que se asocia, además, a la voluntad de no intentar manipular a los demás (bien sea ejerciendo el poder o, por ejemplo, sencillamente, a través de la simple manipulación dialéctica).

Fueron los antiguos griegos, y en concreto, Platón, los que enunciaron las cuatro virtudes cardinales: templanza, prudencia, fortaleza y justicia. Sobre estas cuatro virtudes morales de conducta se ha construido gran parte de la moral humana, la cual incluye una porción del pensamiento cristiano, que tanto ha influido en nuestra cultura. Sobre estos cuatro conceptos se asientan los valores del comportamiento ético de los consejeros, entre ellos, el sentido de la justicia, la fidelidad, el coraje, la integridad, la confidencialidad, la transparencia, la honestidad, la excelencia, el respeto, la equidad, la objetividad, la meritocracia, el compromiso, la perseverancia, el esfuerzo, la responsabilidad, la anteposición del éxito colectivo frente al individual (ya sea propio o ajeno), la dedicación, la generosidad, la buena fe, la altura de miras, etc. Todos ellos ayudan al fomento del desarrollo de las personas y a construir relaciones de confianza, esenciales para el buen funcionamiento dentro de un equipo de alta rendición.

Una conducta ética implica también, por ejemplo, autoexcluirse de los debates y procesos de decisión cuando se dé un conflicto de interés que nos implique personalmente (por ejemplo, cuando se contratan servicios relacionados con actividades vinculadas al consejero en cuestión). O entender que, cuando se es consejero de una compañía que pertenece a un grupo, el deber de lealtad se contrae con la empresa de cuyo consejo se forma parte y no con la que controla el grupo. O que es necesario seguir el principio de equidad cuando las decisiones que deban tomarse en el seno de consejo afecten de forma distinta a diferentes grupos de accionistas. Y, por supuesto, conlleva el deber de no competencia.

El comportamiento ético debe darse con relación a todos los grupos de interés de la compañía, ya se trate de accionistas, empleados, clientes, socios de negocio, aliados estratégicos o, incluso, competidores.

El deber fiduciario inherente al puesto de consejero obliga a actuar éticamente, con lealtad, diligencia, buena fe y pleno conocimiento de causa, tomando decisiones con criterio informado y orientación a resultados.

Además de los criterios analizados hasta ahora, es importante que los consejeros tengan suficiente disponibilidad y compromiso para desempeñar sus funciones, no solo durante las sesiones de consejo sino también entre ellas y, especialmente, para su preparación.

Por lo general, se considera que, cuando alguien ejerce funciones ejecutivas en una compañía, no es probable que logre liberar fácilmente la suficiente disponibilidad como para poder formar parte de más de un órgano de administración ajeno como consejero independiente.

En el caso de consejeros profesionales, el límite suele estar en cinco o seis consejos (especialmente, si se trata de empresas cotizadas), dependiendo en todo caso del nivel del requerimiento.

La disponibilidad no aplica solo en cuanto a la dificultad para cuadrar agendas y poder coordinar reuniones del consejo, sino también, y especialmente, a la cantidad de tiempo que se puede dedicar a preparar las reuniones y a participar en ellas.

Además, en caso de emergencia, los consejeros deberían tener la capacidad de ampliar su tiempo de dedicación para acompañar a la empresa de forma más intensa en momentos en los que hay que dar un paso al frente y, quizá, tomar el control.

¿Cuándo y cómo renovar la composición del consejo?

Tal y como ya he comentado en otros momentos del libro, los consejeros no tienen por qué ocupar el cargo de forma vitalicia. De hecho, en la mayoría de los casos, no sería una buena idea.

En ocasiones, el motivo para cambiar a un consejero tiene que ver con cambios relacionados con el propio consejero (por ejemplo, su disponibilidad o sucesos que le hagan incurrir en un conflicto de concurrencia o incompatibilidad para con nuestra empresa). Sin embargo, son los cambios asociados a la propia compañía los que, con frecuencia, hacen necesario buscar nuevos consejeros para contar con aportaciones de valor acordes a los nuevos retos que se van encarando y para los que nos será útil reforzarnos con experiencia y conocimientos relevantes.

Por otra parte, la existencia de cierto relevo en los cargos de un consejo significa la entrada de aire fresco (al igual que una cierta rotación buscada en los equipos directivos es positiva, siempre y cuando no signifique la huida del talento clave que no podemos retener). Existe una curva de aportación de valor que decrece con el tiempo. Aunque uno se actualice constantemente y no deje de aprender, en mi experiencia, la mayor aportación de valor en los consejos se hace entre un año después de la incorporación a estos y el periodo de cinco a ocho años posterior (aunque en algunas ocasiones se sigue aportando valor de forma sostenida y la experiencia acumulada sobre la empresa es un valor importante).

No obstante, no se trata de cambiar por cambiar. Es mejor no mover ficha si la de recambio no es claramente mejor que la que ya tenemos. En cualquier caso, después de unos años, la mayor parte de la experiencia relevante acumulada en nuestra vida profesional ya se habrá trasladado de una forma u otra y será momento de valorar si alguien nuevo puede dejar su poso personal y diferencial, haciendo que la compañía se enriquezca con ello. A veces hay que podar para crecer con más fuerza. Probablemente, eso dará la oportunidad a otras compañías de beneficiarse de la aportación de un nuevo consejero que, de esta forma, tendrá disponibilidad para seguir sumando valor en otra organización donde será él quien represente la entrada de aire fresco.

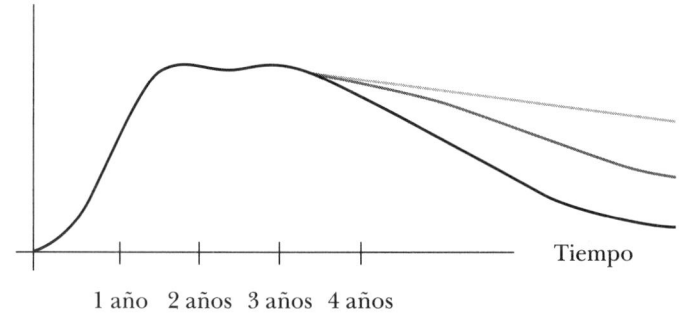

Aportación Valor

1 año   2 años   3 años   4 años

Tiempo

Aportación de valor de los consejeros a lo largo del tiempo.

Lo que ocurre es que es muy doloroso decirle a un consejero que debe dejar la silla porque su aportación de valor ya no es tan relevante y necesitamos aire fresco. Por eso, la mejor forma de comunicarle esta circunstancia es en el momento de su selección, antes incluso de la incorporación. Ese es un buen momento para mantener una conversación honesta al respecto y compartir que, aunque nos gustaría que la relación fuera para siempre, es muy probable que tenga una fecha de fin y que seguramente esté más cerca de los cinco años que de los veinte, teniendo en cuenta que hay excepciones en cualquiera de las dos direcciones, tanto por exceso como por defecto.

En este sentido, existe un interesante debate sobre si deberían limitarse la duración y el número máximo de los mandatos de los consejeros, de la misma forma que, por ejemplo, se acota la presidencia del gobierno en muchos países.

Los argumentos a favor de la limitación tienen que ver, además de con la curva de aportación de valor mencionada anteriormente, con la imposibilidad de mantener una verdadera independencia después de muchos años y con el coste de oportunidad de no contar con nuevos consejeros que aporten savia nueva. Alguien podría argumentar, adicionalmente, que con dicha limitación de tiempo se restringe también el «daño» de un mal consejero, pero, en el caso de los consejeros independientes, este me parece un mal argumento. Primero, porque si se hacen bien las cosas desde el principio, ese problema no debería existir y, segundo, porque si ocurre, lo que hay que hacer es gestionar el cambio lo antes posible con delicadeza, pero también con firmeza y asertividad.

Los argumentos en contra tienen que ver con la pérdida de aportación de valor de un buen consejero que, además, acumula una muy relevante experiencia en la propia compañía. A mí, particularmente, este segundo argumento me parece de suficiente peso como para poder considerar la permanencia de muchos consejeros durante muchos años. Es decir, no creo que para este tema exista una norma general, sino que, más bien, hay que analizar cada caso. Eso sí, con mucha objetividad para no hacernos trampas al solitario.

De la misma forma que los retos estratégicos de las compañías no suelen cambiar repentinamente, sino que más bien experimentan una evolución progresiva, lo mismo debería ocurrir con la composición del consejo. Si es posible, es mejor que las incorporaciones y/o sustituciones se realicen una a una y se distancien en el tiempo lo suficiente como para minimizar la distorsión que siempre genera cualquier cambio en un equipo cohesionado.

Al igual que planificamos la incorporación de un nuevo consejero y le ayudamos a aterrizar, no estaría de más que hiciéramos lo mismo con la salida. Convendría programarla con suficiente anticipación como para dar tiempo al consejero a reordenar su situación y ayudarle con recomendaciones sinceras a terceros, si creemos que ha actuado con fidelidad y competencia durante el tiempo que ha estado con nosotros. Especialmente, si el motivo para dejar de contar con él tiene más que ver con el cambio de nuestras necesidades o porque ya ha aportado todo lo que podía a lo largo de los años y pensamos que esa misma contribución puede ser útil a otras organizaciones.

Aunque suele ser más complejo y de difícil abordaje, la renovación también aplica al presidente. Y, como en el resto de los casos, la mejor manera de abordarla y gestionarla es planificando la sucesión con la mayor anticipación posible, cuando no suponga ya un problema urgente por haberla retrasado indefinidamente. Además, la planificación de la sucesión es una responsabilidad que nos obliga por ser un instrumento de mitigación del riesgo de pérdida de conocimiento por la salida del presidente o primer ejecutivo, sobre todo, cuando esta salida se produce de forma precipitada e imprevista.

Una cierta rotación es siempre saludable, ya que trae aire fresco y nuevas contribuciones, pero hay que ser conscientes de que los consejeros necesitan un tiempo de rodaje para estar en posición de entregar su potencial aportación de valor. Los consejos se reúnen con cierta frecuencia, pero no es lo mismo que un equipo de gestión que se ve e interactúa a diario con la compañía.

Por otra parte, aunque, como hemos visto, la contribución de un consejero no se basa exclusivamente en su conocimiento (sino también en sus capacidades, actitudes y comportamiento ético), es cierto que su aportación ligada al conocimiento puede ir decayendo con el tiempo (especialmente, si el consejero no está expuesto de forma habitual a fuentes de nuevo conocimiento externas a la compañía que le permitan mantenerse actualizado).

En todo caso, es recomendable que los consejos no cambien a más de un tercio de sus consejeros en intervalos de tiempo menores a uno o dos años, ya que un alcance y ritmo rápidos pueden distorsionar la dinámica de funcionamiento del grupo y, por otra parte, las contribuciones de nuevos consejeros suelen ser más efectivas si su incorporación al órgano de gobierno no coincide con la de otros consejeros.

Dicho todo esto, ¿cómo se selecciona a un nuevo consejero independiente? ¿Quién lo hace? Lo aconsejable es que, una vez definido el perfil que hace falta, se realice una búsqueda abierta en el mercado. Para ello, se puede contar, por ejemplo, con la participación de un cazatalentos especializado que acabará presentando una terna finalista. Dependiendo de la estructura de propiedad, será importante que el presidente no intervenga en el proceso de aportación de candidatos para propiciar una verdadera independencia de los consejeros. Si no existe una comisión de nombramientos que se ocupe directamente de todo el proceso, quizá será bueno nombrar un grupo de trabajo *ad hoc* cuando se estime necesario.

Adicionalmente, la compañía debería tener diseñado cierto programa de «aterrizaje» para los consejeros que se incorporan, el cual debe incluir información completa acerca de las actividades y la organización de la empresa y sus órganos de gobierno (suele ser buena idea incluir las actas del consejo de, al menos, el año previo). A veces, el programa incluye sesiones de formación, visitas a las instalaciones y entrevistas con los principales ejecutivos de la compañía y con otros consejeros, principalmente, en el caso de no haberse conocido durante el proceso de selección o con anterioridad. Ya hemos visto que hay muchos motivos distintos al conocimiento de la empresa y su negocio para elegir a un nuevo consejero independiente, pero siempre será bueno que todos los consejeros tengan un conocimiento mínimo sobre la empresa y el sector.

Por último, más allá de los criterios de selección y del proceso de acogida cuando llega un nuevo consejero, las compañías deberían también promover que los consejeros sigan activamente implicados y motivados más allá del arranque de su actuación, así como garantizar que todos los miembros del consejo tienen la información y los conocimientos necesarios con relación a la compañía y sus retos para desempeñar sus funciones de la mejor forma posible. En este sentido, cabe pensar que, en ocasiones, puede tener sentido desarrollar sesiones de trabajo y/o formación *ad hoc* para los consejeros.

CAPÍTULO 10.
EL LIDERAZGO DE LOS ÓRGANOS DE GOBIERNO

«El que tiene gran poder debe usarlo ligeramente».

Séneca

Me gustaría empezar por sentenciar una obviedad: el liderazgo corresponde al presidente. Es una evidencia, pero a veces no parece que todo el mundo lo tenga claro. En ocasiones, ni el propio presidente. Lo que no es tan evidente, en algunos casos, tampoco para el propio presidente, es que nadie es perfecto (ni siquiera el presidente). Cuando esto se comprende, y cuando existe la capacidad de acometer una autoevaluación objetiva sobre las cosas que uno hace bien y las que no hace tan bien, entonces, es posible pensar en mejorar o en buscar apoyos que le complementen a uno. Pero, en cualquier caso, la responsabilidad última de liderar el gobierno corporativo de una organización corresponde a su presidente.

Asimismo, antes de ver lo que debería hacer un buen presidente, me gustaría compartir algunas reflexiones sobre el poder, ya que el ejercicio de este afecta en gran medida a la función de liderazgo que le corresponde.

Los órganos de gobierno son, por definición, poderosos con relación a las organizaciones a las que sirven, y el poder es un instrumento necesario para llevar a cabo sus funciones.

El poder no es bueno ni malo en sí mismo. Es su uso el que deviene en algo positivo o negativo dependiendo de para qué y cómo se emplee. De hecho, hay que ejercer el poder para que sirva de algo. Es necesario que quien lo ostenta tome decisiones para que las cosas ocurran y el barco navegue. Sin embargo, el poder tiene un lado oscuro que hay que manejar con cautela y sabiduría. En las organizaciones, tiene poder aquel que puede tomar decisiones. Y, en particular, mantiene una relación de poder con los demás quien puede tomar decisiones relevantes sobre el futuro de estas en la organización y sobre sus condiciones de trabajo. Los jefes directos tienen poder sobre sus subordinados porque pueden decidir (o influir decisivamente) sobre sus condiciones laborales y económicas, e incluso sobre su eventual despido. Es un tipo de poder que no hace falta ejercer para que tenga impacto, porque todos los afectados son conscientes de sus implicaciones.

Si el poderoso no quiere que el miedo de los demás lo convierta en un «rey desnudo»[15], deberá esforzarse por con-

---

15 *El traje nuevo del emperador,* también conocido como *El rey desnudo,* es una fábula escrita por el danés Hans Christian Andersen en el siglo XIX. Narra la historia de un rey que acaba desfilando desnudo por miedo a reconocer que no es capaz de ver la tela con la que, supuestamente, dos pícaros han tejido su traje y que, según pregonan estos, resulta invisible para aquellos que son incapaces para desempeñar su cargo. Nadie más reconoce la situación por miedo a delatar su propia incapacidad, ya que el resto, incluido el poderoso, sí parece apreciar la belleza de la tela con la que, en teoría, está fabricado el traje real. De esta fábula pueden extraerse varias moralejas como, por ejemplo, que las cosas no tienen por qué ser ciertas por el mero hecho de que todos los demás parezcan creerlo. En este caso, me interesa destacar, no obstante, el gregarismo de los súbditos, producido por miedo a perjudicar su propia reputación y también, especialmente, por miedo a las consecuencias de dejar en ridículo en público al poderoso, que comete el mismo pecado y al que nadie se atreve a sacar de su error. ¿Cuáles serían las consecuencias para quien se atreviera a hacerlo en un régimen gobernado autocráticamente por un rey poderoso pero inseguro? ¿Y cuáles son, por ende, las consecuencias para el rey de que nadie le abra los ojos frente a lo evidente?

trarrestar el impacto negativo que el simple hecho de tener poder, aun sin ejercerlo, produce en los demás. Actuar de forma neutra no es suficiente. Solo cuando los que están bajo la influencia del poderoso se sienten realmente seguros, estos actúan con libertad de criterio y le dicen a aquel lo que de verdad piensan. Es cierto que existen personas que, por su situación personal o por fortaleza de carácter, pueden ser más o menos inmunes al influjo negativo del poder, pero, en general, las que están en situación de dependencia profesional jerárquica en una organización solo actúan con libertad cuando están convencidas de que el poderoso ejerce consistentemente de forma justa y objetiva, cuando sienten que pueden confiar en él y mostrarse vulnerables.

Si el caso es el contrario, si se actúa de forma arbitraria y el poder se ejerce de manera autocrática, lo más probable es que aquellos que no se dejan amedrentar por el poderoso acaben, tarde o temprano, desapareciendo de escena (bien sea por decisión propia o del poderoso). En esta situación, el poderoso acaba rodeado de personas que le dirán a todas horas lo que creen que quiere oír, convirtiéndolo en un rey desnudo *de facto,* víctima de su propia forma de actuar.

Los que permanecen conscientemente en un ambiente tóxico como este lo hacen porque no tienen alternativas reales, porque son rehenes de las circunstancias y porque su nivel de compromiso y verdadera motivación serán deficientes. Los que durante nuestra carrera profesional hemos comprobado en primera persona la diferencia entre jefes que ejercen el poder de una forma u otra, conocemos muy bien las consecuencias de ambos modelos.

No hay que confundir, en cualquier caso, un ejercicio amable y respetuoso del poder con la abdicación de la responsabilidad de tomar decisiones, con firmeza y asertividad cuando es preciso. Los expertos en liderazgo situacional saben muy bien que no existe un estilo ideal de liderazgo que sea independiente de las circunstancias. Hay momentos en los que la urgencia requiere que seamos muy ejecutivos y tomemos decisiones con rapidez, y otros en los que el análisis y el consenso nos llevarán a una mejor decisión, a un mayor compromiso con ella y a una mejor implantación de esta. Asimismo, hay personas que necesitan una mayor dirección, mientras que otras requieren mayor autonomía en el desempeño de sus funciones. Un buen líder es aquel capaz de distinguir las diferentes circunstancias y de amoldar su estilo de liderazgo a lo que precisa cada persona y situación. Pero el ejercicio del poder, especialmente cuando afecta a otras personas de forma directa, nunca debe ser arbitrario y subjetivo. En este sentido, también es interesante que seamos conscientes del principio ético que niega que el fin justifique los medios. El maquiavelismo, como la manipulación, pueden parecer eficaces a corto plazo, pero generan desconfianza en aquellos que ven cómo el poderoso los aplica para conseguir sus objetivos y que saben que en cualquier momento puede tocarles a ellos.

Para decirle a un poderoso lo que de verdad pensamos, más aún cuando ello requiere llevarle la contraria, es necesario estar dispuestos a mostrar vulnerabilidad. Esto es mucho más fácil que ocurra cuando sabemos que el poderoso actúa con objetividad y de forma justa y transparente, sin dobleces ni inseguridades que condicionen su capacidad para recibir opiniones contrarias, sin percibir estas como ataques personales y sin desencadenar reacciones injustificadas.

Estas reflexiones sobre el poder que he querido ilustrar en el marco de una relación profesional entre un jefe y su equipo aplican también, en gran medida, en los órganos de gobierno de la compañía, tanto en el sentido de las relaciones de poder e interdependencia que se producen internamente entre los miembros de un consejo como con respecto al propio consejo en su relación con el resto de la organización, sobre la cual tiene un impacto evidente su capacidad de tomar decisiones.

Existe un binomio indisociable entre la capacidad de obtener información transparente y sincera y la forma de ejercer el poder. Para que tenga sentido rodearse de personas inteligentes y con experiencia, es necesaria cierta cesión de poder y, sobre todo, un ejercicio inteligente del mismo. Todo un arte que sublima a los presidentes que marcan la diferencia.

Hecha esta reflexión sobre el poder, la primera tarea es comprender que liderar a otros empieza por liderarse a uno mismo. Sin autoliderazgo, no es posible liderar a los demás. Esto es especialmente así cuando, como en el caso de los presidentes, no hay nadie que ejerza un claro y firme liderazgo sobre estos. Los presidentes (así como el resto de consejeros de un órgano de gobierno), suelen rendir cuentas ante una asamblea de accionistas que, por diferentes motivos, acostumbra a tener poca interacción con estos y, en muchas ocasiones, ejerce una supervisión y un control poco exigentes con los órganos de gobierno.

Por lo tanto, la responsabilidad de asumir el liderazgo como algo endógeno es esencial para presidir un órgano de gobierno. Si el presidente no ejerce el liderazgo del consejo, difícilmente podrá hacerlo adecuadamente ninguna otra figura (salvo cuando el rol de presidente es, de manera formal o *de facto*, meramente figurativo o protocolario y el liderazgo descansa en el consejero delegado, cosa que ocurre con cierta frecuencia, de forma intencionada o no, y en cuyo caso las reflexiones previas aplican al CEO de la compañía, que es quien ejerce, de hecho, la presidencia).

En cualquier caso, la principal función del líder del órgano del consejo es exprimir al máximo el limón, sacar todo el jugo posible al conocimiento y la experiencia que se reúne alrededor de la mesa de consejo. Y, para ello, hay que ejercer la posición de presidente con profesionalidad, teniendo muy presentes algunas cuestiones sobre las que reflexionaremos a continuación y actuando con inteligencia en consecuencia.

Gestión del modelo de buena gobernanza

En definitiva, se trata de tener presente en todo momento que el buen gobierno corporativo está condicionado por un sistema de elementos que deben ser orquestados de forma armónica una vez diseñados e implantados correctamente. Estos son los conceptos sobre los que hemos ido reflexionando a lo largo del libro: tener claros los objetivos del órgano de gobierno que dan sentido y guía a la actuación de sus miembros, haber reflexionado y establecido la mejor estructura de órganos de gobierno y la organización interna de estos, tener bien definidas las funciones que determinan lo que se hará en el consejo y contar con un método de funcionamiento claramente establecido, que incluye la calendarización de contenidos y el proceso de generación de valor antes, durante y después de las reuniones. Además de haber identificado y seleccionado a las personas adecuadas que, de forma sistémica y complementaria, hará que el consejo sea una fuente de generación de valor para todos los *stakeholders*.

Son unos cuantos los platillos que hay que hacer girar sin que se caiga ninguno, una historia interminable de mejora continua y de remiendos, cuando hacen falta, y hay que tener conocimiento y habilidad para manejarse con equilibrio.

Gestión de los miembros del órgano de gobierno

Como en toda organización humana, gestionar el talento es un reto, y cuando el grupo está formado por personas inteligentes, con experiencia y éxito a sus espaldas, como suele ocurrir en una mesa de consejo, el reto de convertir al grupo en un equipo es mayor. El pastor lo tendría mucho más difícil para conducir al rebaño si este fuera de lobos, en vez de ovejas.

El presidente debe velar por lo que a mí me gusta llamar la «alianza fundacional» del consejo, que consiste en un acuerdo tácito, aunque, a veces, también explícito, sobre los principios de actuación y los objetivos del consejo que deben conformar el núcleo alrededor del cual el equipo se conjura en pro de un objetivo común. Dicho objetivo no es otro que aportar valor de la forma establecida en el diseño del modelo de gobernanza, que debe llevarse a cabo por todos ellos como un equipo bien alineado y cohesionado.

Por otra parte, debe velar por la seguridad psicológica en el grupo, como único mecanismo posible para llevar a cabo debates de calidad. No me extenderé más en torno a este asunto, sobre el que ya he reflexionado en otros momentos del libro. Dicha función incluye garantizar que todo el mundo puede expresar libremente su opinión sin miedo a las consecuencias y que las dinámicas de participación permiten que el grupo se beneficie de los diferentes roles que deben darse desde la perspectiva de un equipo de alta rendición.

Por último, tal y como comentaba en la introducción de este capítulo, un buen líder debe también comprender y aplicar los criterios que guían el liderazgo situacional, que tiene en cuenta las características de las personas a las que se lidera, la naturaleza de los retos, así como la situación coyuntural que se afronta en cada momento.

Cumplimiento normativo y responsabilidad legal y fiduciaria

Otra responsabilidad que recae directamente sobre el líder del consejo, además de colegiadamente sobre el órgano de gobierno en su conjunto, es la de velar por el cumplimiento normativo. Asegurarse de que, desde la perspectiva legal, las cosas se hacen correctamente es imprescindible para evitar incurrir en responsabilidades que pueden conllevar desagradables consecuencias. En cualquier caso, como veremos en el próximo capítulo, la obligación va más allá del cumplimiento regulatorio, ya que, como miembros de un órgano de gobierno, tenemos una responsabilidad también fiduciaria y deontológica, además de moral y ética, de hacer bien las cosas y actuar con diligencia, lealtad, confidencialidad y buena fe. El presidente es el último responsable de que se tomen las medidas necesarias para que así sea y ha de ser el principal impulsor de las mismas. Cuando no existe una comisión de cumplimiento normativo y el secretario del consejo es un abogado con experiencia, puede constituir un apoyo de gran valor.

Viendo todo lo que un buen presidente de consejo debe acometer en el cumplimiento de sus funciones, se evidencia que la dedicación necesaria por su parte es muy superior a la que pueda parecer. Si los órganos de gobierno están bien diseñados y tienen la actividad que se espera de ellos, más allá de la puramente protocolaria, el cargo de presidente puede requerir una dedicación cercana a la de una posición a tiempo completo. En cualquier caso, difícilmente una misma persona podrá ocupar la presidencia de más de dos o tres organizaciones si no cuenta con muchos apoyos o estas posiciones no son meramente honoríficas o de órganos de gobierno con muy poca actividad.

Aunque no es muy habitual, es esencial ser conscientes de la necesidad de que el consejo esté preparado para tomar decisiones y el control en una situación de crisis. Cuando se dan situaciones de crisis que ponen en riesgo a la organización, hay que poner en marcha, impulsar y monitorizar planes de acción y de recuperación que, en la medida de lo posible, deberían estar previamente diseñados al objeto de reducir al mínimo el tiempo de respuesta y el impacto de la crisis. El consejo, impulsado por su presidente, debería tener un papel determinante en estas situaciones. Al fin y al cabo, el consejo de administración no deja de ser la voz autorizada por los accionistas para influir en el día a día de la organización, y esto toma especial relevancia en momentos de crisis y en lo que podríamos llamar «momentos de la verdad», como cuando hay un cambio de CEO o primer ejecutivo o se afronta una gran operación corporativa (compra o venta). Es en estos momentos cuando el consejo debe estar preparado para dar un paso al frente y actuar en primera persona, modulando el grado de intervención en la medida de la necesidad. Son muy pocos los presidentes de consejo que conozco que han dedicado tiempo a tener este asunto bien trabajado y enfocado. Y no conozco a ninguno que no hubiera querido tenerlo bien diseñado cuando le ha sido necesario.

CAPÍTULO 11.
LOS CONSEJEROS.
¿CUÁLES SON SUS OBLIGACIONES Y RESPONSABILIDADES?

«Nadie que haya dado lo mejor de sí mismo lo ha lamentado».

George Halas

«El buen gobierno es el resultado de la virtud privada».

John Jay Chapman

Los consejeros asumen una serie de importantes responsabilidades y obligaciones inherentes al desempeño de sus funciones.

Algunas de estas responsabilidades y obligaciones (y también derechos) están reguladas en leyes y normativas concretas del país en el que desempeñan sus funciones y son, principalmente, específicas de los administradores de los órganos de gobierno formales, como los consejos de administración.

Otras se derivan de la responsabilidad fiduciaria adquirida al aceptar la confianza de quien nombra al consejero y tiene unas expectativas respecto a cómo este último ejercerá sus funciones.

Finalmente, otras responsabilidades forman parte del deber deontológico y corresponden a los valores y principios éticos que se consideran necesarios para ejercer adecuadamente la función de consejero.

Las tres fuentes de generación de responsabilidad son complementarias. De hecho, cuando el legislador redacta las normas, tiene presente el carácter fiduciario del cargo, así como los principios éticos de actuación, todo ello, en busca de la defensa de los intereses de todos los grupos de interés. Sin embargo, la norma no siempre puede considerar todas las casuísticas posibles y los principios generales de la ética deontológica y fiduciaria deben servir de marco aún más amplio y general que el normativo.

Analicemos ahora en qué consisten estas responsabilidades y obligaciones, con independencia de su origen.

La responsabilidad del consejero

En términos de responsabilidad, los consejeros, bien se trate de personas físicas o jurídicas, responden personalmente de su actuación, incluso con su patrimonio y también por la vía penal, especialmente, en el supuesto de conducta negligente y dolosa, en cuyo caso las consecuencias pueden ser verdaderamente graves. Aunque las compañías, generalmente, contratan un seguro de responsabilidad civil para cubrir ciertas eventualidades, nada cubre una potencial responsabilidad penal por actuaciones indebidas. No hay más que recordar los últimos casos de amplia cobertura mediática como el que llevó al banquillo de los acusados a muchos de los consejeros de Bankia, desde 2012 inmersos en años de procesos judiciales que acabaron con algunos de ellos cumpliendo pena de prisión como consecuencia de su actuación como miembros del consejo de administración de la entidad financiera.

Es importante resaltar también que, en los consejos de administración formales (es decir, en los que se toman decisiones), los consejeros asumen una responsabilidad personal cada vez más relevante como consecuencia de estos cambios introducidos por el legislador en defensa de los intereses de los distintos grupos de interés de las compañías. Los consejeros asumen una responsabilidad civil ordinaria que, en ciertas circunstancias, les obliga a responder por deudas sociales y a lo establecido en la Ley Concursal y la LSC, que incluye tanto a sociedades anónimas cotizadas como a no cotizadas (sociedades anónimas y sociedades limitadas).

Tal y como recoge la LSC en el primer punto de su artículo 236, «los administradores responderán frente a la sociedad, frente a los socios y frente a los acreedores sociales, del daño que causen por actos u omisiones contrarios a la ley o a los estatutos o por los realizados incumpliendo los deberes inherentes al desempeño del cargo, siempre y cuando haya intervenido dolo o culpa. La culpabilidad se presumirá, salvo prueba en contrario, cuando el acto sea contrario a la ley o a los estatutos sociales». En un sentido amplio y acorde con el espíritu de la ley, los administradores responden frente a la sociedad, los accionistas y los acreedores (también clientes y cualquier otra persona física o jurídica) que puedan verse perjudicados como consecuencia de una gestión negligente, por el daño que causen por actos u omisiones contrarios a la ley o a los estatutos (por cierto, no está de más, para evitar sorpresas, echarles un vistazo al menos una primera vez cuando uno se incorpora al consejo), así como por los realizados incumpliendo los deberes inherentes al desempeño de su cargo.

La ley establece, sin embargo, cierto grado de cobertura para las actuaciones de los consejeros a fin de que estos puedan cumplir con su función de tomar decisiones que ayuden a generar valor y que implican cierto riesgo empresarial.

En este sentido, el marco jurídico actual (en concreto, el artículo 226 de la LSC) ha incorporado, a través de su última reforma, la doctrina proveniente de Estados Unidos conocida como «business judgement», que exime de responsabilidad siempre que no se actúe de forma negligente, determinando que el administrador no será responsable cuando actúe de buena fe, sin interés personal en el asunto, con información suficiente y con arreglo a un procedimiento de decisión adecuado. La jurisprudencia de los tribunales va sumando sentencias en esta línea, pero, en cualquier caso, la responsabilidad de los administradores no es ninguna broma y más vale hacer bien las cosas, sobre todo, para cumplir con la obligación fiduciaria de los consejeros, pero también para evitar problemas. No sería ni la primera ni la última vez que un consejero acaba en una situación embarazosa sin haber sido siquiera consciente de cómo ocurría, por ejemplo, por no haber instado a tiempo la presentación de concurso de acreedores estando la compañía en situación de causa de disolución. Recuerdo a uno de mis profesores de Derecho que nos insistía machaconamente con el famoso principio *ignorantia iuris neminem excusat,* recogido en el artículo 6.1 de nuestro Código Civil y que viene a significar que la ignorancia de las leyes no excusa a nadie de su cumplimiento. El mismo principio es aplicable a los deberes y obligaciones de los consejeros, y más de uno se mete en problemas por ni siquiera ser consciente de cuáles son sus obligaciones en el ejercicio de sus funciones como miembro de un órgano de administración de una compañía.

Veamos a continuación las dos principales obligaciones legales de cualquier miembro de un consejo de administración, más allá del deber genérico de velar por los intereses de la empresa y de sus grupos de interés vinculados: diligencia y lealtad.

– *Diligencia.* Consiste, fundamentalmente, en preparar y participar de forma adecuada y continuada en las sesiones del consejo y en seguir los procedimientos correctamente establecidos para tomar decisiones.

Esto incluye comprometer la dedicación necesaria durante todo el proceso (antes, durante y después de los consejos) y exigir el cumplimiento del derecho a recibir la información suficiente.

En muchas ocasiones, requiere dedicar tanto tiempo o más que a las propias sesiones. Para ello, también es esencial contar con la información adecuada a tiempo. Aunque es la compañía la que, *a priori*, está obligada a facilitar la documentación necesaria para preparar los consejos, los consejeros tienen el derecho de exigirla y la obligación de utilizarla para formar criterio y tomar decisiones informadas. Este proceso puede incluir la solicitud a la sociedad, por parte del consejero, de aclaraciones o de información adicional a la facilitada.

Toda esta actividad previa y posterior a los propios consejos requiere una dedicación que no siempre es adecuadamente evaluada por parte de la sociedad o de los propios los consejeros e implica que estos tengan también la suficiente disponibilidad para asistir habitualmente a las sesiones que se convoquen. La consecuencia de esto es que deben limitar su actividad adicional. Cuando un consejero compagina su actividad como tal con la de una posición ejecutiva en otra compañía, es difícil que pueda participar en más de un consejo. En caso contrario, cuando esta actividad no debe compaginarse con funciones ejecutivas, quizá sea posible llegar a formar parte de hasta cinco o seis consejos, dependiendo de la intensidad que estos requieran en función de sus características y retos. En cualquier caso, difícilmente será conveniente participar en un número de consejos superior a este y, probablemente, lo mejor sea limitarse a una cantidad inferior.

– *Lealtad y secreto profesional.* En términos generales, la obligación contraída en virtud de este concepto consiste en actuar de buena fe, con independencia de criterio, anteponiendo los intereses de la sociedad a los propios y evitando cualquier actuación que pueda causar daños a esta. En particular, exige el ejercicio de abstención cuando surja un potencial conflicto de interés entre la sociedad y el consejero o su ámbito de vinculación (salvo cuando se trate de tomar decisiones que le afecten personalmente en su condición de administrador) y de procurar evitar que se produzcan dichas situaciones sobre las que, en cualquier caso, deberá informar al propio órgano de gobierno.

Conlleva, además, el deber de guardar confidencialidad sobre la información a la que se ha tenido acceso, incluso después de cesar en el cargo.

Por último, en caso de formar parte de un consejo de una sociedad filial, si se diese conflicto de interés, el deber del administrador es dar prioridad a los intereses de la filial administrada por encima de los de la sociedad de control mayoritario, salvo que existan ventajas compensatorias evidentes, que en ningún caso pueden poner en riesgo la continuidad de la filial.

Al margen de la responsabilidad y las obligaciones legales, creo que los consejeros tienen el deber de hacer algunas cosas antes de aceptar el cargo, especialmente, cuando se trata de una posición de consejero independiente. Que alguien deposite su confianza en ti para ofrecerte ocupar una posición en un consejo debería ser motivo de satisfacción, pero, de la misma forma que las compañías deberían hacer un buen proceso de selección para elegir a sus consejeros, estos, por su parte, también deberían asegurarse de que las cosas encajan y son como parecen. Tal vez sea imposible asegurarse del todo, pero, al menos, se debería reducir la incertidumbre al máximo. Una vez hecho esto, y albergando una certeza razonable de que las cosas saldrán bien, también sería bueno prepararse para que la integración sea lo más rápida y exitosa posible. y para acelerar y aplanar al máximo la curva de aprendizaje. Vayamos por partes.

¿Qué quiero decir con que «las cosas encajan y son como parecen»?

Dependiendo de si existe una relación de conocimiento previa con la compañía y de cómo sea el proceso de acercamiento, selección y posterior oferta, el candidato a ocupar una silla en el consejo dispondrá de algunos datos. Para poder evaluar adecuadamente la oportunidad, es importante tener información con cierto grado de amplitud y profundidad que podrá aumentar a medida que avance el proceso. Al final y antes de tomar una decisión, será muy importante hacernos una buena idea de lo siguiente:

- Cómo es la compañía y cómo son su sector y el entorno competitivo. Si están bien diseñados, el plan estratégico y el plan de negocio de la compañía deberían darnos suficiente información con relación al propósito y la visión a largo plazo de la empresa, a cuáles son sus ámbitos de negocio y su estrategia de crecimiento, a la estrategia para cada unidad de negocio y a las principales magnitudes e indicadores del volumen de negocio y su rendición actual y esperado.

El cuadro de mando o la documentación de *reporting* que se utiliza habitualmente para mantener informado al consejo puede ser también una buena fuente de información. En caso de no ser lo suficientemente concisa o explicativa, es recomendable contar con acceso a información de *reporting* a nivel ejecutivo.

Si existen estudios de mercado, estudios de *benchmarking* competitivo o estudios sectoriales a disposición de la compañía, es una buena idea analizarlos con cierto detenimiento. Si se trata de un sector regulado, probablemente exista algún documento que analice el marco regulatorio específico y su impacto, así como las implicaciones para la compañía.

Esta información debería complementarse con conversaciones más o menos formales con algunos consejeros y, en ocasiones, con algún directivo de alto nivel. También cabe la posibilidad de completarla con lo que podamos averiguar a través de fuentes externas públicas como medios de comunicación o internet. El objetivo es entender lo mejor posible la situación actual de la compañía, así como los retos, las amenazas y las oportunidades que se hayan identificado.

– Conocer al consejo. Si el consejo no es de nueva creación, y el proceso lo permite, conocer al resto de consejeros con los que compartiremos órgano de gobierno resultará muy interesante para todos. No solo nos permitirá completar, aclarar y matizar la información del punto anterior, sino que nos ayudará a evaluar a los compañeros con los que compartiremos mesa de consejo. Podremos hacernos una idea de su experiencia y conocimientos, así como de algunas de sus competencias y de su actitud. Todo ello es relevante para entender cómo serán las dinámicas de las reuniones, las complementariedades que se dan por nuestra parte y el nivel de cohesión del equipo, y, quizá, nos permita vislumbrar conflictos explícitos o latentes.

Si por motivos prácticos, o de cualquier otro tipo, no es posible o recomendable conocer a todos los consejeros y hay que limitarse a unos pocos, en mi opinión, es preferible centrarse en los independientes (partiendo de la base de que la interacción con el presidente y/o CEO se dará).

Por los mismos motivos, también es una buena práctica complementaria tener acceso a los estatutos sociales y las actas de reuniones de los consejos de los doce o 24 meses anteriores, así como a los informes de las diferentes comisiones y los grupos de trabajo que estén o hayan estado operativos durante ese periodo. En esta línea, si existen informes de *compliance,* procedimientos y códigos éticos o de conducta que afecten al consejo, también se deberían revisar.

Por último, si se tiene acceso a algún antiguo consejero que haya dejado de serlo en los últimos dos o tres años, puede ser buena idea tener un intercambio de impresiones con él.

− Conocer la propiedad. Para empezar, deberemos tener una clara idea de la estructura accionarial de la compañía. Especialmente, cuando la propiedad no está muy atomizada y hay un accionista, o unos pocos, de referencia, conviene tener un buen intercambio de opiniones con ellos. Esto nos permitirá entender cuáles son sus intereses particulares y qué opinión tienen de la compañía y de sus órganos de gobierno y equipos de gestión.

Si existen pactos de accionistas que, por ejemplo, condicionan la elección de algunas de las posiciones del consejo, sería recomendable tener acceso a ellos y poder examinarlos.

– Conocer el equipo de gestión. Cuando el proceso lo permite, mantener cierta interacción con los principales ejecutivos nos permite ser conscientes de la visión de aquellos que gestionan el día a día de la compañía. Asimismo, nos facilita hacer una primera valoración intuitiva de las capacidades de los gestores, aclarar dudas sobre la documentación recibida y confirmar, en su caso, algunas de las conclusiones a las que podamos haber llegado.

– Conocer otros condicionantes. Si existe cualquier otra información relevante a criterio de la compañía, también es importante acceder a ella. En este sentido, es importante solicitarla expresamente. Por ejemplo, si existe un contrato con el que se regula habitualmente la relación de la compañía con sus consejeros, resulta imprescindible poder revisarlo cuanto antes.

Si para tener acceso a la información mencionada fuese necesario, se firmaría un compromiso de confidencialidad (NDA, por sus siglas en inglés). No es prudente tomar una decisión que implica responsabilidades y obligaciones como las de un consejero sin contar con la necesaria información para poder llevar a cabo un análisis correcto.

Este nivel de análisis no es habitual y, por lo tanto, podría generar, en cierta medida, recelo por parte la compañía que está valorando la incorporación del candidato a consejero. En este sentido, en beneficio de todos, sería un estupendo síntoma que fuera la propia compañía la que propiciase este nivel de amplitud y profundidad en la información compartida y en el grado de conocimiento de las personas durante el proceso de selección, algo que, idealmente, tendría carácter obligatorio e incluso estaría recogido estatutariamente. Cuando no sea el caso, el candidato deberá valorar el grado de exigencia que, en términos de *due diligence,* la compañía está dispuesta a aceptar y tendrá que dejar para más tarde la parte que haya quedado pendiente, una vez que esté incorporado al consejo.

Este ejercicio previo de *due diligence* tiene un doble objetivo. Por una parte, asegurarnos de que lo que nos cuentan es tal y como se ha dicho y que no existe información relevante que, voluntaria o involuntariamente, no haya sido compartida. En definitiva, se trata de conocer bien la compañía y de que no haya sorpresas. Por otra parte, el segundo objetivo es estar convencidos de que podremos aportar valor y de que nos sentiremos cómodos cumpliendo con nuestras funciones y obligaciones. Tal y como hemos visto al analizar el deber de diligencia, la asunción de un cargo de consejero tiene, para la persona que lo acepta, un claro coste de oportunidad, ya que esta renuncia implícitamente a otros consejos para evitar problemas de disponibilidad o conflictos de compatibilidad. Equivocarse en la decisión tiene un alto coste tanto para la empresa como para el consejero. Por ello, es mejor dedicar cierto esfuerzo al proceso previo.

¿Qué quiero decir con «prepararse para que la integración sea lo más rápida y exitosa posible y para acelerar y aplanar al máximo la curva de aprendizaje»?

Es difícil pensar que un consejero recién incorporado rendirá al mismo nivel desde el principio. De hecho, lleva un tiempo integrarse, conocer las inercias y condicionantes históricos del propio consejo, así como conocer la compañía, el negocio y su sector, especialmente, cuando la experiencia del consejero se ha centrado en otras industrias. Lo habitual es que haya una curva de aportación de valor inicialmente creciente, que se estabiliza a lo largo del tiempo y que, con posterioridad, va cayendo con mayor o menor rapidez dependiendo de los casos. Lo que sí se debería esperar tanto de la compañía como del consejero recién incorporado es que, con anterioridad a la incorporación formal al consejo, ambos hayan trabajado y sigan trabajando conjuntamente para reducir todo lo posible el tiempo necesario para que el nuevo consejero se integre plenamente y aporte la máxima rendición.

Con este objetivo, algunas compañías diseñan paquetes de formación a medida de los nuevos consejeros que incluyen no solo documentación sino también visitas a las instalaciones productivas y a las oficinas de la compañía y reuniones con personas clave, así como sesiones de formación específicas. En este sentido, mi recomendación es que los planes se diseñen o, al menos. se adapten y personalicen según cada caso, ya que el punto de llegada deseable puede ser el mismo para todos los consejeros, sin embargo, es posible que el punto de partida sea muy distinto en cada situación en función de cuáles sean el recorrido y la experiencia del nuevo consejero.

Para concluir, creo que hay que prestar atención a una última responsabilidad de los consejeros a la que no suele dársele demasiada importancia, al menos al inicio, y que en muchas ocasiones acaba siendo un problema. El consejero no solo debe estar dispuesto a dejar su silla cuando así se le solicite, sino que debe estar atento y preparado para renunciar por propia iniciativa cuando perciba que su aportación de valor se reduce o se limita significativamente, independientemente de que la causa sea imputable a factores endógenos o exógenos, o cuando se dé un conflicto de interés amplio y recurrente o de carácter permanente.

CAPÍTULO 12.
EVALUACIÓN Y RETRIBUCIÓN DE LOS ÓRGANOS DE GOBIERNO Y DE SUS MIEMBROS

«Cuando dejas de hacer una contribución,
es cuando empiezas a morir».
Eleanor Roosevelt

Evaluación

El proceso de evaluar periódicamente la rendición y la aportación de valor del consejo y de sus miembros debe estar alineado con los intereses de todos los grupos de interés y con los objetivos fijados para el órgano de gobierno. Asimismo, debe ser formal, riguroso y objetivo. De eso trata este capítulo.

Sin embargo, a mí también me gusta aplicar (de forma complementaria, eso sí) un método más sutil e intuitivo, pero infalible, consistente en cerrar los ojos y reflexionar sobre las contribuciones del consejo, en echar la vista atrás y comparar la situación actual con la que había hace algún tiempo y valorar si, gracias al consejo, las cosas están y estarán mejor que antes, o si, por el contrario, en caso de no existir el consejo no se habría percibido diferencia alguna.

Cualquiera de las personas que se sientan a la mesa del consejo puede hacer este ejercicio de introspección fácilmente. Y la reflexión sirve también para hacerla uno mismo con relación a su aportación particular. La autoevaluación es el primer paso para poder recibir constructivamente cualquier *feedback* sobre la capacidad que tenemos de mejorar nuestra contribución y es también una buena fuente de información para reforzar nuestra conducta ética con respecto a los grupos de interés a los que servimos como consejeros.

Existen diversas formas de evaluar el desempeño de consejos y consejeros. Todas ellas son extrapolaciones y adaptaciones de los modelos clásicos (o no tan clásicos) aplicados para ese mismo fin por las compañías y consultoras especializadas en la evaluación del desempeño de los equipos directivos. Pueden incluir cuestionarios más o menos elaborados, entrevistas personales con especialistas externos o procesos 360 en los que, de forma anónima (o no), se pide opinión a las personas con las que se interactúa en la función de consejero. Se pueden revisar indicadores tan objetivos como el cumplimiento de tareas, la dedicación o los KPI, con metas concretas definidas con anterioridad o aspectos cualitativos como la actitud, la implicación o el compromiso.

Dado que se trata de un órgano colegiado, es posible aplicar el proceso al conjunto del consejo de forma colectiva, pero también se deben analizar las contribuciones de cada consejero en particular, tanto en relación a sus aportaciones individuales como al funcionamiento del consejo en su conjunto.

En cuanto a la rendición del consejo como órgano de gobierno, cabe reflexionar sobre la calidad y la eficiencia de su funcionamiento, el aprovechamiento de las aportaciones de los consejeros y el desempeño del presidente y de los coordinadores de comisiones. Es necesario, además, prestar atención a aspectos como la frecuencia y la duración de las sesiones; el contenido y el orden del día; la suficiencia de tiempo para tratar los temas; la calidad de la información; la amplitud, la profundidad y la apertura de los debates; la influencia de los consejeros en la toma de decisiones; las inasistencias; los programas de actualización de conocimientos; o el proceso de evaluación de la alta dirección, por poner algunos ejemplos.

En cualquier caso, lo más importante es enfocar el proceso siguiendo dos principios básicos:

1. Valorar si el consejo está cumpliendo con su cometido, es decir, con los objetivos que se deben haber fijado, así como si sus aportaciones están contribuyendo a aportar valor para los diferentes grupos de interés y a la mejora de los resultados de la compañía, sea como sea que se hayan definido.

2. Entender y enfocar el proceso de evaluación como una herramienta para identificar ámbitos de mejoramiento que permitan tomar acciones concretas y elevar el nivel de exigencia y aportación en aras de la mejora continua del funcionamiento de los órganos de gobierno y de su contribución en forma de aportación de valor.

En mi opinión, en la práctica, es imprescindible que el proceso de evaluación sea pilotado por un tercero independiente. Con él, se deberán consensuar la metodología, los aspectos a valorar y los objetivos del proceso en su conjunto.

También es imprescindible que los consejeros, por su parte, estén dispuestos a recibir críticas y a entenderlas como algo constructivo que identifica retos de mejora.

Una buena práctica consiste en que el presidente de la CNR o, si esta no existe, el presidente del consejo se reúna con cada uno de los consejeros para exponer y comentar su informe de evaluación, al objeto de consensuar planes y acciones concretos para afrontar los retos de mejora identificados con relación a su desempeño.

Modelo de retribución

Generalizando, y sin entrar en consideraciones legales que pueden variar en función del tipo de sociedad, el sistema y el carácter retributivo de los órganos de gobierno deben quedar recogidos en los estatutos y ser aprobados por la junta general de accionistas, incluida la retribución máxima a percibir por el consejo en su conjunto. Todo ello, en aras de la transparencia y la protección de los accionistas.

La retribución de los miembros de los órganos de gobierno es un asunto importante. Tanto si se trata de consejeros ejecutivos como si son dominicales o independientes, es un tema de extrema sensibilidad por las implicaciones éticas que, en particular, en tiempos de crisis, pueden poner en cuestión las retribuciones percibidas, especialmente, cuando su evolución no está alineada con los resultados ni con los intereses de los accionistas.

Sin embargo, el sistema retributivo debe permitir atraer el talento y la competencia necesarios para el desempeño de las funciones atribuidas, también en los momentos difíciles, cuando la aportación de los órganos de gobierno será especialmente relevante e implicará, asimismo, una mayor asunción de riesgo y responsabilidad por parte de los consejeros.

Lo primero a tener en cuenta al diseñar un modelo de compensación para consejos y consejeros son las posibles formas de retribución que pueden aplicarse de forma uniforme o diferenciada. Estas son las principales (aunque, en mi opinión, no todas son igualmente recomendables):

- Retribución fija. Habitualmente, en forma de *retainer* (anticipo) anual o semestral.
- Dietas por asistencia a las sesiones de consejo.
- Retribución variable en base a la consecución de objetivos.
- Participación en beneficios.
- Participación en capital social: acciones liberadas, opciones sobre acciones *(stock options)* o retribución referenciada al valor de las acciones.
- Retribución en especie: vehículo, seguros de vida, sistemas de ahorro o previsión en forma de planes de pensiones o similares, etc.
- Indemnizaciones por cese cuando no sea por incumplimiento de las funciones y responsabilidades.

Para diseñar un paquete retributivo para consejeros, es necesario tener en cuenta las características y el momento del proyecto, y también de los propios consejeros. No obstante, hay algunas reflexiones al respecto que me gustaría compartir con el lector:

1. Existe un interesante debate en torno a la idoneidad de incorporar cualquier tipo de retribución variable en el caso de los consejeros.

   Por un lado, a favor de la retribución variable está el potente argumento de la alineación de los intereses de la compañía con los del consejero. Es el principio conductista que subyace a cualquier modelo de retribución variable. En cualquier caso, para que esto sea efectivo, requiere, entre otras cosas, que los objetivos a los que el modelo se indexa estén bien diseñados tanto conceptualmente como en relación a metas medibles en el tiempo, lo cual no es nada evidente en el caso de los órganos de gobierno, que ponen su foco en el medio y largo plazo y cuyas contribuciones afectan a veces de forma muy relevante, pero indirecta, a los resultados operativos de las compañías.

Además, por otra parte, el perfil habitual de un buen consejero es el de una persona con experiencia y cierto prestigio que ya ha cultivado su ego, que no tiene tanta necesidad de lucirse y que ha aceptado el puesto en el consejo, fundamentalmente, porque le apetece el proyecto y porque cree sinceramente que puede aportar valor. En muchos de estos casos, las razones económicas están, o deberían estar, en un segundo plano. Este es el perfil de consejero que en numerosas ocasiones interesa a la mayoría de las compañías. Es cierto que la retribución tiene que ser de mercado, a la altura de su nivel de experiencia y que complazca sus expectativas, pero no debe suponer un factor determinante a la hora de decidir. La retribución orientada a resultados no encaja habitualmente con lo que un buen consejero está buscando. Y, como comentaba en el párrafo anterior, tampoco es evidente cómo establecer un modelo de retribución variable alineado con los objetivos estratégicos que, en muchas ocasiones, deben ser el foco de los consejos y cuyos resultados tardan años en dar fruto.

Mi conclusión es que la compensación variable tendrá mayor o menor sentido en función de los objetivos del consejo y del perfil de consejero en cuestión. Además, por lo general, si el perfil es el habitualmente recomendable, y el foco del consejo es también el adecuado, el variable puede no ser el mejor componente de la fórmula.

Lo usual es establecer una compensación fija anual *(retainer)* y unas dietas por asistencia a las sesiones de consejo, que son variables porque están vinculadas a la asistencia a las sesiones del consejo (pero no a la consecución de unos resultados concretos, especialmente, si se trata de objetivos operativos y a corto plazo).

2. Si optamos por una retribución parcial o totalmente variable, esta debería estar ligada a objetivos definidos a medio o largo plazo, en coherencia con la visión estratégica de aportación de valor a largo plazo del consejo. Los variables asociados a la consecución de resultados a corto plazo (un año) deberían limitarse a los directivos ejecutivos de las compañías.

   En el caso de consejeros ejecutivos, quizá haya que diseñar una fórmula mixta que cubra un amplio espectro temporal, pero habrá que prestar atención a un equilibrio que no siempre es fácil. En este caso, ante la duda, mi elección suele ser apostar por dar mayor peso al largo plazo, salvo que la situación de la compañía requiera con urgencia resultados a corto plazo.

3. En cuanto a las participaciones en capital y, en concreto, a las cada vez menos habituales *stock-options,* podrían tener encaje en algunos momentos, en algunas empresas y con algunos perfiles singulares de consejeros. Aunque *a priori* pueda parecer que estimulan la visión de largo plazo, en realidad, muchas veces se visualizan como simples elementos económicos-especulativos, desdibujando el principio de prudencia. Además, desnaturalizan la figura del consejero independiente convirtiéndolo en «un poco» accionista.

   No obstante, podría haber algunas excepciones a lo que me parece que debe ser la norma general, como, por ejemplo, el caso de alguna *start-up* en la que asumir riesgos más agresivos puede ser un factor de gestión inherente a la compañía.

Ya sea por cuestiones fiscales, mercantiles o de cualquier otra índole, es cada vez más habitual, cuando se da este tipo de compensación, que esta se produzca en forma de *phantom shares* u otros productos «sintéticos» que han ido ganando terreno a las ya clásicas *stock options.*

4. La naturaleza de la retribución del consejero es distinta a la de los directivos, mandos y demás colaboradores de la empresa, en cuyo caso, una parte esencial, aunque no exclusiva, de la relación contractual consiste en un intercambio de dinero por trabajo. En la relación consejero-empresa, la retribución suele estar más relacionada con señales que confirman su experiencia, capacidades y prestigio.

En este contexto, creo que puede ser interesante valorar una suerte de retribución intangible que acompaña muy bien al perfil de consejero que interesa. Me refiero a una serie de atenciones que estos consejeros maduros valorarán en muy buena medida (por ejemplo, desplazamientos en clase preferente, regalos de Navidad personalizados o la invitación para asistir junto a sus parejas a algún evento de prestigio, como una exclusiva exposición o un concierto de gran calidad). Naturalmente, todo ello ajustado al nivel cultural y de austeridad de la empresa.

En este sentido, suele ser muy positivo celebrar un consejo al año fuera de la sede social para disfrutar más tiempo del habitual (quizá dos o tres días) de un entorno agradable. Invitar a participar a directivos y/o accionistas de referencia en alguna comida o cena puede ser, además, una buena herramienta integradora y aglutinadora del consejo.

El modelo de compensación puede evolucionar a lo largo del tiempo en base a diferentes factores y puede, asimismo, combinar algunas de las posibles formas. En cualquier caso, es recomendable no complicar excesivamente el modelo de retribución y centrarlo en los aspectos e indicadores más relevantes.

Como principio básico subyacente al modelo de compensación, las políticas retributivas aplicables a los órganos de gobierno deben estar pensadas para generar valor a largo plazo para los accionistas y el resto de grupos de interés y para evitar inducir a una excesiva asunción de riesgo. Al mismo tiempo, han de resultar suficientemente atractivas para retener y atraer el talento necesario para desarrollar los objetivos estratégicos y operativos de las organizaciones.

Es importante compartir, tanto con los accionistas como con los consejeros, los principios que subyacen al modelo retributivo, de forma que los primeros puedan percibir el necesario alineamiento de intereses (y dar el oportuno *feedback,* en su caso) y los segundos comprendan claramente el racional por el que se medirá su aportación.

Es importante que la remuneración sea de mercado y lo suficientemente competitiva como para atraer y retener el tipo de talento que queremos que forme parte de nuestro principal órgano de gobierno. En este sentido, existen diversas fuentes de información que pueden ayudarnos a establecer un orden de magnitud adecuado. Entre ellas, está la información preceptiva o voluntariamente publicada por muchas compañías con respecto a la remuneración de sus órganos de gobierno. Por otra parte, los cazatalentos especializados también suelen tener bien tomado el pulso a las remuneraciones de mercado y pueden, además, realizar un análisis ajustado a las circunstancias concretas de cada caso conforme a su experiencia y conocimiento.

Como referencia adicional, existen estudios bien elaborados desde el punto de vista técnico (entre otras cosas, con muestras lo suficientemente amplias como para tener relevancia estadística aun cruzando varios segmentos) que permiten contrastar nuestro modelo de retribución con el que se aplica habitualmente en empresas comparables a la nuestra, ya sea por ubicación geográfica o por tamaño de la compañía, sector o tipología de propiedad.

En cuanto a la retribución de los consejeros independientes, existe cierto debate en cuanto a cómo esta puede llegar a afectar a su independencia de criterio. En este sentido, conviene comprender que el consejero independiente, con su actuación, se juega mucho más que la retribución, ya que pone en riesgo su prestigio y, por lo tanto, su capacidad para seguir ejerciendo profesionalmente como consejero independiente. En cualquier caso, aunque no siempre es fácil evaluar la ética de las personas, este es, en mi opinión, el factor determinante. Es la fibra ética de cada consejero independiente la que le hace actuar con verdadera independencia de criterio, diligencia y lealtad a su deber deontológico, al margen de su retribución, de lo que piensen los demás o de que su continuidad esté en juego. Cuando los principios y valores de actuación que rigen el comportamiento de un consejero independiente son los adecuados, la compensación económica (u otros aspectos en ocasiones más influyentes) no afecta a su independencia de criterio. Si la fibra ética no es la adecuada, el criterio del consejero se doblará ante el poderoso, sea cual sea la compensación que reciba.

CAPÍTULO 13.
ÓRGANOS DE GOBIERNO
EN LA EMPRESA FAMILIAR

«Gobernar una familia es casi tan difícil
como gobernar todo un reino».
Charles Louis Montesquieu

No es objeto de este libro profundizar en todos los aspectos que diferencian y condicionan una empresa familiar en comparación con la no familiar, pero sí en aquellos relacionados con sus órganos de gobierno.

Obviamente, uno de los factores más importantes para mantener una relación positiva entre la empresa y la familia es que la empresa funcione bien y sea rentable. Cuando las cosas van mal en lo económico, nadie está contento y todo se complica.

Es importante alinear y que los grupos de interés más vinculados al gobierno de la compañía (la propiedad y la familia) puedan ser empáticos y constructivos con la empresa para proteger su valor a largo plazo y beneficiar tanto a la propia empresa como a los accionistas y a la familia. Y lo mismo debe ocurrir en sentido inverso. Por su propio interés, la empresa debe considerar con atención la visión de la propiedad y de la familia. En definitiva, una familia propietaria implicada y alineada facilita mucho las cosas, sobre todo, cuando la situación de la empresa no es buena. De no ser así, de no haber alineamiento, el conflicto estará servido, especialmente, cuando las cosas vayan mal.

A efectos de su gobierno, las empresas no familiares tienen, básicamente, dos grupos de interés que interactúan: la propiedad (los accionistas) y la gestión (los equipos directivos). El principal órgano de representación de la propiedad de una compañía es la junta general de accionistas. Por su parte, los equipos de gestión suelen estar dirigidos por lo que se acostumbra a llamar comité de dirección, con un primer ejecutivo al frente (el director general o el consejero delegado).

El consejo es el «lugar de encuentro» en el que tiene lugar la mayor interacción entre la propiedad (o sus representantes) y los gestores de las compañías (y en el que, como hemos visto en capítulos anteriores, también hay consejeros independientes). El consejo de administración es escogido por la propiedad, pero en él suele estar también representada la gestión a través de consejeros ejecutivos y directivos invitados a participar en las sesiones del consejo.

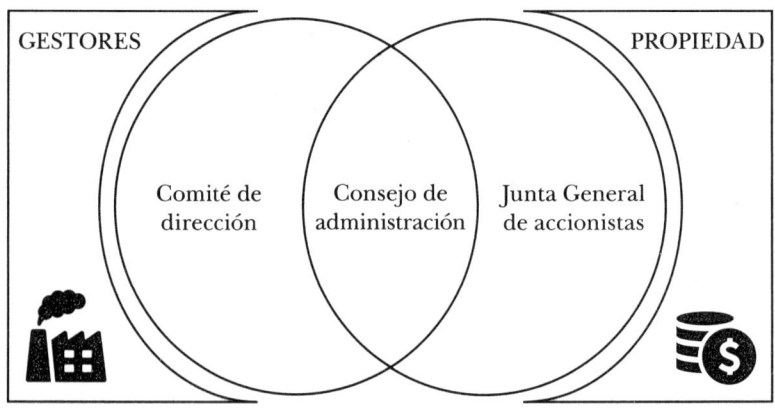

Propiedad y gestión.

240

Esta interacción ya de por sí compleja, en la que se «solapan» dos grupos de interés (la propiedad y la gestión), puede complicarse mucho en las empresas familiares con la entrada en juego de un tercero (la familia) que tiene su propia idiosincrasia.

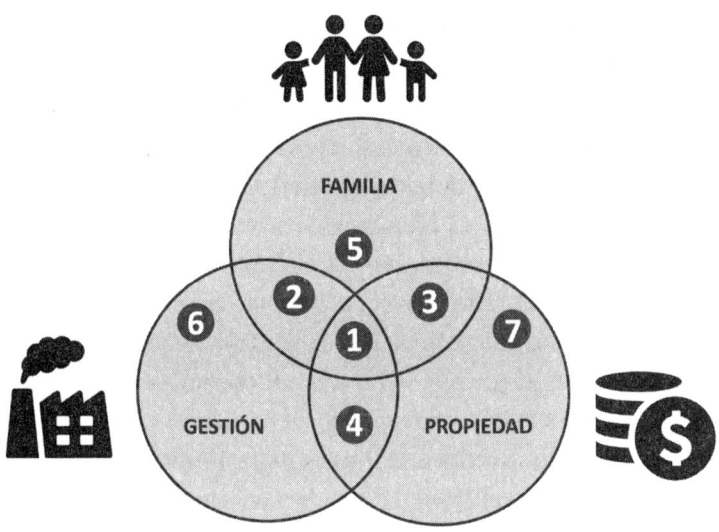

Modelos de los «Tres círculos» de John Davis para empresa familiar.

Desde la perspectiva de la gobernanza, en la empresa familiar se multiplican los segmentos en los cuales las personas pueden enmarcarse, cada uno de ellos con visiones e intereses distintos, al menos percibidos.

Si estás leyendo este capítulo, seguramente tengas relación con una empresa familiar. Quizá seas ejecutivo en una de ellas o familiar de alguno de los propietarios. O tal vez seas las tres cosas: gestor, propietario y familiar.

Te propongo un ejercicio de empatía: intenta ponerte en los zapatos de alguien abstracto (alguien que no conozcas) que se situaría en cada uno de los grupos, uno por uno. Prueba a pensar y sentir como lo haría esa persona en relación a sus intereses y lo que le interesa del resto de grupos. Te sugiero que lo hagas de fuera hacia dentro y sin prisas. Intenta situarte, primero, en cada uno de los grupos de forma aislada.

Imagina lo que siente, quiere y necesita una persona que solo es un gestor y que no pertenece a ninguno de los demás grupos. Cuáles son las necesidades y los intereses, por ejemplo, de ese director general que, sin vinculación accionarial, está contratado para gestionar el día a día de la compañía. Alguien que, casi por definición, estará más enfocado en el corto plazo, esto es, en conseguir los recursos y la libertad de acción que le permitan gestionar en busca de éxitos que, entre otras cosas, contribuyan a hacerle crecer como profesional, pues no necesariamente tiene por qué desarrollar toda su carrera profesional en la misma compañía.

Después, haz lo mismo con alguien que es parte de la familia, pero que no tiene acciones de la sociedad ni está trabajando en ella. Piensa, por ejemplo, en el cuñado o en un hijo de uno de los accionistas familiares, que forma parte de la familia, pero no está implicado en la gestión ni tiene acciones. ¿Cuál es su relación con la empresa?, ¿qué le interesa de ella?, ¿cómo le impactan el estilo de vida profesional y la implicación con el negocio familiar de su pareja o sus padres?

Y, por último, intenta pensar como lo haría alguien que tuviera acciones de la empresa sin ser parte de su gestión ni de la familia (un inversor; un fondo de inversión, pongamos por caso). ¿Qué espera este inversor de la compañía?, ¿cuál es su expectativa?, ¿cómo valora las implicaciones positivas y negativas de la condición familiar del negocio?

Ahora, colócate en la posición de alguien ubicado en alguna de las áreas que se solapan (una persona que es familiar y accionista, pero no trabaja en la empresa o no ocupa ninguna posición de gestión en la misma; que es familiar y trabaja en la empresa, pero no es accionista; o que es gestor y accionista, pero no forma parte de la familia). Y, para finalizar, en la de alguien que es tanto familiar como propietario y, a su vez, gestor (el caso, por ejemplo, del fundador de la compañía).

Si has tenido la paciencia de tomarte tu tiempo y pasar por todas las casillas, te sugiero que ahora les pongas cara, nombre y apellidos. Piensa en alguien concreto que conoces y que ocupa cada una de las áreas del modelo. Piensa en algunas formas de actuar o en decisiones que tomó en el pasado y que quizá no compartías, o cuyas motivaciones no entendiste. Es posible que, después de esta simulación, comprendas matices y explicaciones de las personas que ocupan una casilla diferente a la tuya que, a veces, cuesta entender.

Este ejercicio de empatía, sumado a la consideración del momento vital de cada persona, ayuda a comprender, o al menos, a visualizar, las dinámicas e interacciones entre todos los implicados, las cuales, en caso de no gestionarse adecuadamente, suelen degenerar en conflictos en ocasiones irresolubles.

También pueden darse conflictos que pueden terminar en desavenencias o rupturas y escisiones familiares y, a veces, en la venta de los negocios o en su profesionalización como estrategia defensiva frente a los riesgos derivados de una familia propietaria no cohesionada y en problemas. Y, en el peor de los casos, con afectaciones que terminan con la salud de la empresa familiar hasta que hacen inviable su continuidad. Parafraseando a la Dra. Pamela Peeke, «puede que la genética cargue la pistola, pero el ambiente aprieta el gatillo». Conocer la idiosincrasia del «ambiente» ayuda a que el gatillo se quede en su sitio.

Adicionalmente, también es prudente reflexionar sobre el hecho de que lo más probable es que, aunque la compañía funcione razonablemente bien, la familia suele crecer a mucha más velocidad, también en heterogeneidad, y ser conscientes de que la naturaleza de los problemas cambia a medida que se suceden las generaciones y la familia, o las familias, siguen creciendo, lo cual no suele ayudar.

En cambio, cuando las cosas se hacen bien y se planifican con el tiempo suficiente, la potencia y las ventajas de una empresa familiar son una poderosa ventaja competitiva a largo plazo muy difícil de imitar por las empresas no familiares. Sin embargo, esto es algo de mucho mérito y difícil de conseguir. Por desgracia, son pocas las compañías familiares que consiguen hacerlo de forma sostenida a lo largo de las generaciones que se van sucediendo en el tiempo.

Antes de seguir, me gustaría hacer una reflexión adicional sobre dos conceptos que, aunque estén relacionados, son diferentes y a veces se confunden: una cosa es una empresa familiar y otra, una familia empresaria. He escuchado a diferentes expertos reflexionar sobre las diferencias entre ambas, que no siempre comparto. En cualquier caso, yo lo veo como explico a continuación.

Una *empresa familiar* es aquella en la cual uno de los principales grupos de interés es una familia que controla una parte significativa de la propiedad de la empresa y que, aun estando más o menos implicada en su gestión y en sus órganos de gobierno, en cualquier caso, tiene un impacto y una influencia relevantes en la misma. La mayoría de ellas empezaron de la mano de un emprendedor que ejerce (o ejercía) también como patriarca familiar. A medida que las siguientes generaciones se van sucediendo en la compañía, la propiedad de esta suele dispersarse (a no ser que, voluntaria o involuntariamente, se produzcan eventos de reconcentración accionarial en alguna de las ramas familiares) y el grado y la forma de implicación en la gestión pueden evolucionar de diferentes formas, con las consecuentes implicaciones tanto para la compañía como para la familia. En la mayoría de los casos, ser una empresa familiar no es una decisión, es una consecuencia del origen de la misma y de cómo evolucionan los acontecimientos desde la perspectiva de la propiedad y de la implicación de esta en la gestión o el gobierno de la compañía.

Una *familia empresaria* es aquella que, al menos en parte, pivota y, de alguna forma, se organiza alrededor de la empresa familiar. Suelen ser familias que comparten visión y valores como parte de la herencia cultural del patriarca o matriarca (o del matrimonio) fundador de la empresa familiar. Por motivos evidentes, esta cohesión tiene un alto riesgo de degenerar a lo largo del tiempo y a medida que las familias crecen, especialmente, si no se hace nada de manera activa y con criterio para evitarlo.

En este sentido, existen algunas herramientas, en forma de órganos de gobierno específicos y de buenas prácticas para las familias empresarias, que pueden ayudar a alinear intereses, comprender mejor las dinámicas e interacciones que se producen entre los diferentes grupos de interés y, en definitiva, promover y mantener el interés y la implicación de la familia por el legado empresarial. Aunque, por desgracia, son escasos los ejemplos de familias empresarias que permanecen unidas y cohesionadas a lo largo de generaciones, en la mayoría de los casos en que esto ocurre es fruto de una decisión y de hacer bien las cosas. Es consecuencia de la voluntad proactiva de unos líderes familiares que impulsa y propicia que la familia, que un día se encontró en posesión de una empresa familiar fundada por un antepasado, se transforme en una familia empresaria que comprende y valora los beneficios que se derivan de gobernar con acierto tanto el negocio como la familia. Son familias en las cuales una parte de los valores que las unen giran alrededor de lo bueno que hay en formar parte de un grupo empresarial. Familias que consideran que el modelo de vida que conlleva ser un empresario diligente es un activo, y no una carga, un orgullo y no una vergüenza; que entienden que este es un entorno propicio para buscar sinergias y un binomio simbiótico entre la empresa y la familia, donde ambas entidades se benefician de contar con acompañantes empáticos y que gestionan cada uno su parte con inteligencia y visión de futuro.

La diferencia es muy relevante. En el primer caso, el de la empresa familiar, cuando se hacen bien las cosas, se gestiona la compañía con eficacia y se instrumentan las herramientas necesarias, como buenos órganos de gobierno, protocolos familiares o pactos de accionistas y códigos de conducta, para ordenar la relación entre los diferentes *stakeholders*. Sin embargo, en el fondo, aunque sé que puede sonar excesivo y quizá algunos no estén de acuerdo, en mi experiencia, en la mayoría de ocasiones estas herramientas tienen el fin último, no siempre explícito ni del todo consciente, de proteger a las familias propietarias de negocios familiares de sí mismas. Es decir, se intenta proteger a la empresa de la familia, que no siempre evoluciona de la mejor forma en muchos sentidos y cuyo impacto puede llegar a ser devastador. Se regulan, por tanto, aspectos cómo qué familiares pueden involucrarse en la gestión y de qué manera, o se desarrollan mecanismos de liquidez para permitir que accionistas que no desean seguir siéndolo o que son problemáticos puedan marcharse. Estos son dos ejemplos de instrumentos que pretenden proteger a la familia propietaria bajo el criterio de conservar la eficacia en la gestión operativa de la compañía, de forma que puedan llegar a la familia recursos en forma de dividendos o valor patrimonial y que la familia no se pegue un tiro en el pie por culpa de egos mal gestionados o cargas emocionales mal resueltas.

En el fondo, como digo, se trata de medidas preventivas en pro de la compañía con el fin último de hacer lo mejor para la propia familia propietaria.

Este tipo de medidas tiene una ventana de oportunidad para su desarrollo relativamente corta y que siempre es anterior al inicio de los problemas (o, al menos, se da cuando estos no han degenerado ya en conflictos abiertos y enquistados de difícil reconducción). En mi opinión, es la primera generación, el propio fundador, quien debería impulsar dichas medidas antes de pasar el testigo. Pero raramente ocurre así, ya que a alguien que hasta entonces ha sido simultáneamente el gestor, el propietario y el patriarca, por lo que, en consecuencia, ha tenido poca necesidad de ponerse de acuerdo con alguien que no sea él mismo, y que deja un legado consistente en una empresa que funciona y gana dinero, le cuesta entender como un activo de esta naturaleza puede llegar a ser la fuente de problemas y discusiones que, por desgracia, termina siendo en muchas ocasiones para las siguientes generaciones.

En mi experiencia, en la mayoría de los casos, la última oportunidad está en manos de la segunda generación antes de pasar el testigo a la tercera, y siempre que, como decía antes, los conflictos, a veces latentes, no sean ya irresolubles. En situaciones de reconcentración, donde, en la práctica, desde la perspectiva de gobernanza es como saltar generacionalmente hacia atrás, quizá haya nuevas oportunidades. La anticipación es un factor clave de éxito para prevenir situaciones desagradables de difícil solución. Cuando ya hay fuego en la sartén, suele ser tarde para salvar la comida. Cuando hay fuego, no hay tiempo para pensar. Las soluciones hay que diseñarlas antes de que se produzca el conflicto, con la cabeza fría. Es mucho mejor ocuparse antes de tener un problema que preocuparse cuando este ya no tenga solución.

Si, por el contrario, existe una decisión consciente de construir una familia empresaria, el camino es mucho más difícil, pero también, al menos en mi opinión, más bonito y con mayores retornos para todos, si se consigue. En este caso, las decisiones que se tomarán, al menos no todas y tampoco las más importantes, no estarán tan encaminadas a proteger a la empresa de la familia como a construir una familia que, a la vez que se beneficia de las rendiciones (no sólo económicas) de la empresa, se prepara para comprender, querer y generar valor a la empresa, como mecanismo indirecto de generación de valor para la propia familia, pero desde la proximidad y la implicación de familiares bien cohesionados, alineados y preparados para desempeñar su rol de gestores y propietarios de la empresa. Es mucho más fácil decirlo que hacerlo. Y, aquí, el momento en que se pone en marcha esta forma de pensar es crítico para el éxito, el cual, por desgracia, tampoco está garantizado.

En cualquier caso, sigamos un modelo u otro (empresa familiar o familia empresaria), para alinear a los miembros de la familia, estos deben tener interés, tienen que querer y para ello hay que conocer (tener información y conocimientos para saber interpretar la información). Luego, podrán llegar o no el interés y el alineamiento, pero, sin lo previo, es imposible.

En el estudio realizado en 2020 por Bolton B. y Park J. E., titulado «*Corporate Governance, Family Firms and Innovation*» («Gobierno corporativo, empresa familiar e innovación»), se analiza cómo el gobierno corporativo influye en la innovación de las empresas familiares. En sus resultados, los

248

autores afirman que las empresas familiares generan más innovación productiva que las no familiares, y lo atribuyen especulativamente al hecho de que las primeras suelen tener una perspectiva más estratégica, de más largo plazo. El estudio también correlaciona una mayor innovación efectiva en las empresas familiares con el hecho de disponer de consejos independientes.

El alineamiento que promulgo protege a los tres grupos de interés directamente implicados: familia, propiedad y gestión. Además, en el mejor de los casos, cuando se hacen bien las cosas, se aporta valor a todos ellos de una forma muy difícil de reproducir para las empresas no familiares. La potencia de una familia bien alineada, en la que hay miembros preparados e implicados que lideran los negocios con visión de largo plazo en el marco de una cultura sólida y consolidada, y que conocen y quieren a la compañía porque la han «respirado» desde su infancia, es muy difícil de batir. Pero, insisto, también es muy difícil de conseguir.

Por el contrario, si se gestiona mal, las tensiones derivadas de la falta de alineamiento pueden llegar a suponer un sumidero por el que se escapa el valor y se condicionan seriamente las posibilidades de competir con éxito y de seguir creciendo.

Hay pocas cosas peores que dar poder a alguien que no tiene la capacidad y la actitud necesarias para ejercerlo, porque, entre otras cosas, esto provoca la huida masiva del verdadero talento. Las personas con verdadero talento no soportan estar a las órdenes de alguien incapaz, ya que ven sus posibilidades de crecimiento claramente mermadas (el incapaz suele mostrar también incapacidad para reconocer el talento en los demás) y abandonan el barco antes de que este se hunda bajo la dirección de un capitán sin las competencias necesarias para mantenerlo a flote. Las personas incompetentes ungidas de poder suelen ser un verdadero imán para la mediocridad, especialmente, aquella que, de forma miope, ve una oportunidad más o menos cortoplacista en la manipulación del poderoso incompetente y arrogante.

Cuando un familiar ocupa un puesto de responsabilidad en la empresa familiar sin haber desarrollado una carrera fuera de la empresa que justifique sus méritos, es fácil (y legítimo) que muchos sospechen que esa persona está ahí por su apellido y que no lo merece. Y eso es así porque habitualmente es lo cierto. No hay que engañarse ni negar la evidencia: ocupa dicho puesto por ser quién es, no por lo que ha logrado ni por haber pasado un proceso de selección estricto y objetivo en el que ha desbancado a otros candidatos bien cualificados. Otra cosa es que, a pesar de su apellido y de lo que lo haya llevado hasta ahí, sea una buena opción para ocupar el puesto en cuestión. Quizá, incluso, la mejor posible.

Se dice que solo hay dos tipos de empresario familiar: los que consideran que el genio empresarial es hereditario y los que no tienen hijos. Y, como eso lo sabe todo el mundo (incluidos los directivos y el resto de empleados de la compañía, el resto de familiares y, sobre todo, el padre y el hijo), hay que esforzarse el doble para desmentir el cliché, lo cual puede ser una gran ventaja.

Que los padres tendamos a ver en mayor medida lo positivo que lo negativo en nuestros hijos es natural y, en cualquier caso, no implica que no pueda haber familiares comprometidos, bien preparados y capaces. Pero la capacidad, la implicación y la aportación de valor de estos no se dará directamente por el apellido que llevan. Se dará por sus propios méritos y actuaciones, que deberán ser valorados objetivamente para la protección de todos, incluido el interesado, al que no ayuda que se pueda percibir que asume responsabilidades por motivos «aristocráticos».

Hace pocos días, leía en el muro de LinkedIn un *post* de mi amigo y compañero de consejos Miquel Lladó (reputado ejecutivo, autor y profesor de las mejores escuelas de negocios del mundo) que viene al caso. En ese *post*, Miquel compartía algunos de los aprendizajes o de las frases que le habían gustado de su última lectura, *Memorias de Adriano,* de Marguerite Yourcenar (por recomendación de nuestro también compañero de consejo Jordi Nadal, reputado empresario y editor). La frase que Miquel reproducía, y que destila un profundo conocimiento de las personas que todos hemos vivido en carne propia, es la siguiente: «Esa innoble incredulidad que nos impide reconocer la grandeza de un hombre [añado "mujer"] que conocemos demasiado». Creo que esta idea es también la que subyace a la maldición del profeta que solo es reconocido en tierras ajenas. Cuántas veces nos habremos sentido más valorados por las personas que no nos conocen tan bien como nuestros propios familiares, los cuales, por mucho que nos quieran, nos han visto tan de cerca como para conocer también nuestros defectos. Sirva la aportación original de Yourcenar que nos llega gracias a Jordi Nadal y Miquel Lladó para reflexionar sobre el talento cercano que a veces desaprovechamos por conocerlo tan de cerca desde todos sus ángulos.

En ocasiones, desde la perspectiva de la interacción entre los familiares vinculados de una u otra forma a la empresa, las cosas se ponen tan complicadas que las familias empresarias acaban optando por vender sus empresas. En algunos casos, incluso, he visto cómo pesaban estos factores de complejidad en las relaciones, hasta el punto de acabar tomando la decisión de propiciar la incorporación al accionariado de un fondo de inversión con la intención de que, en la nueva estructura de propiedad, la participación de un inversor institucional aportara profesionalidad, sentido común y disciplina de gestión a fin de simplificar los debates que afectaban a la gestión de la empresa.

Pero, una vez hechas estas reflexiones sobre la complejidad asociada a incorporar la familia como uno de los *stakeholders* de gobernanza asociados a una empresa, veamos a continuación algunas herramientas de gobierno que pueden actuar de forma preventiva: la asamblea familiar, el consejo de familia y el protocolo familiar. Estos instrumentos pueden ayudar a mejorar el intercambio de información y a comprender, alinear y generar valor dentro de la familia y entre todos los demás implicados: los propietarios (sean o no de la familia) y los equipos de gestión de los negocios familiares.

La asamblea familiar

Es posible que la más relevante de estas herramientas sea la asamblea familiar, con el añadido de que permite mejorar el conocimiento entre los familiares. A diferencia de los órganos de gobierno corporativos, como el consejo de administración, los consejos asesores o la propia junta general de accionistas, en la asamblea familiar no solo se tratan asuntos relacionados con la empresa, sino que pueden y deben tratarse asuntos de índole exclusivamente familiar que, sin embargo, tienen la virtud de redundar en beneficio de ambos (la familia y la empresa).

Esta asamblea es beneficiosa para la empresa porque una familia que se implica, al menos, en conocer los negocios familiares, será más empática con la situación de la empresa y de las personas involucradas en su gestión (algo especialmente importante si se da el caso de que, además, son familiares). También tienen un impacto positivo porque mejorará su forma de influir, consciente o inconscientemente, en la toma de decisiones (por ejemplo, de los familiares no accionistas sobre aquellos que sí lo son, como los cónyuges).

Más allá de lo relacionado con la empresa, es beneficiosa para la familia por ser un mecanismo de cohesión familiar y por facilitar que se compartan los valores culturales. Además, permite canalizar la aportación de valor de la empresa hacia la familia más allá de la generación de dividendos o valor patrimonial para el conjunto de la familia, por ejemplo, a través de iniciativas de apoyo, asesoramiento, formación o socialización (en este sentido, es una buena práctica, en el marco de las asambleas familiares, combinar elementos lúdicos con otros de «trabajo»).

Lo ideal es que la asamblea familiar se reúna varias veces al año y que no sea liderada por el presidente del consejo de administración de la empresa familiar, sino por aquella persona de la familia que idealmente goce del respeto, afecto y reconocimientos generalizados, lo cual le permitirá ser un nodo de cohesión y le otorgará ascendencia sobre el conjunto de la familia.

La asamblea familiar debería ser un buen foro en el que debatir y acordar la estrategia patrimonial de la familia y debería, asimismo, condicionar la estrategia corporativa de la empresa familiar. Esta reflexión está vinculada a la visión de familia empresaria, que debe ser compartida y consensuada en la medida de lo posible y que se basa en la propia cultura familiar, y en otros conceptos como la identidad, el propósito y el prestigio familiar a los que se aspira, más allá del legítimo interés en obtener un determinado retorno económico a través de la empresa y los negocios familiares.

Por otra parte, la asamblea familiar es un buen vehículo para la interacción con la junta general de accionistas y, a veces, con el consejo de administración de la empresa familiar. Esta interlocución directa permite alinear intereses y compartir las diferentes visiones que puedan tener cada uno de ellos, de forma que se anticipen retos de mejora y alineamiento.

Por último, también puede ser un buen sitio en el que debatir y acordar el protocolo familiar.

El consejo de familia

El consejo de familia es un órgano de gobierno familiar en el que la asamblea delega para que se puedan trabajar iniciativas y deliberar propuestas que serán sometidas a la asamblea familiar. A medida que la familia crece en tamaño, tal vez sea conveniente establecerlo para trabajar con más eficiencia a través de un grupo más reducido.

Para que su función se ejecute con éxito, es importante que el conjunto de la familia se sienta representado y, por lo tanto, la diversidad de miembros en términos generacionales, de representación de ramas familiares, etc. cobra un papel relevante. Asimismo, se recomienda fomentar la rotación de los miembros, de forma que se propicie la participación de la mayoría de los familiares, que, así, mejorarán su implicación y colaboración y conocerán en primera persona y con mayor profundidad cómo se tratan los asuntos de importancia para la familia. Comprendo que la rotación puede implicar ineficiencias y que, a veces, se está muy a gusto trabajando con un grupo de personas con el que llevas tiempo haciéndolo, por lo que puede dar pereza introducir cambios, especialmente, si la valoración de los nuevos entrantes no es tan buena como la de los salientes. Sin embargo, en mi opinión, los beneficios a largo plazo derivados de implicar la mayor cantidad de familia posible en los órganos de gobierno familiares compensan sobradamente y son indiscutibles.

Es muy recomendable, además, que los miembros de la familia directamente implicados en la dirección o en los órganos de gobierno de la empresa familiar no formen, a su vez, parte del consejo de familia. Sin embargo, es importante que haya una comunicación fluida entre el consejo de familia y el consejo de administración de la empresa, en especial, entre sus presidentes.

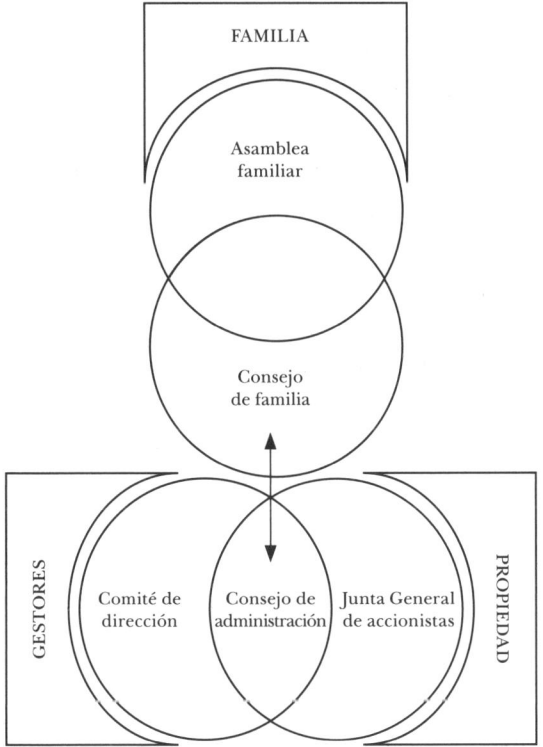

Órganos de gobierno en la empresa familiar.

255

El protocolo familiar

El protocolo familiar suele quedar plasmado en un documento que recoge las «reglas de juego» en el seno de una empresa familiar o de una familia empresaria (aunque tendrá seguramente alcances, enfoques y soluciones distintas en función de si se trata de una u otra).

Con base en la historia, en los valores culturales de la familia y en los debates que se realizan en la asamblea familiar (quizá, a partir de las propuestas elaboradas por el consejo de familia), se recogen los consensos o acuerdos que definen el tipo de empresa familiar y familia empresaria al que se aspira. También se regula la forma de actuar con relación a casuísticas que tal vez supongan conflictos de interés o falta de alineamiento entre familiares vinculados, de una forma u otra, a la empresa familiar. Los puntos más importantes suelen ser los que regulan los acuerdos que condicionan la transmisión de acciones y el acceso a la propiedad de la empresa familiar, así como el acceso a puestos de trabajo y de gobierno por parte de familiares.

Es habitual, y recomendable, que la familia (puede que a través del consejo de familia, si existe) se apoye en asesores externos para elaborar el protocolo familiar, especialmente, si empiezan a vislumbrarse potenciales conflictos que deben ser regulados. Un asesor externo con experiencia y empatía puede resultar de gran valor en el proceso de diseño y búsqueda de consenso. Será alguien que, sin implicación emocional y con objetividad, recogerá las diferentes visiones de los miembros de la familia, además de desempeñar el papel de un buen interlocutor cuando sea necesario mediar entre posiciones desalineadas. Asimismo, aportará marco conceptual y estructura al documento final y puede ser una figura clave para guiar el proceso de reflexión conjunta y ofrecer alternativas que valorar para solucionar los retos que se vayan planteando durante todo el proceso.

Una vez elaborado el protocolo familiar, si el asesor externo ha hecho bien su trabajo, se habrá ganado el respeto, la confianza y la credibilidad de la familia. Por tanto, será percibido como alguien equidistante de los intereses de todos los familiares y gozará de cierta ascendencia que podría posicionarle como un buen punto de referencia para interpretar el contenido del protocolo cuando sea necesario y ayudar a resolver situaciones de conflicto de interés entre los familiares. Se trata, pues, de una tarea de gran valor que requiere de unas capacidades muy concretas y de una implicación muy superior a la que podría pensarse *a priori*. Como bien dijo Mika Waltari, «en cuestiones de familia, vale más meter la mano bajo la muela de un molino que intervenir en una querella entre sus miembros».

En ocasiones, el asesor externo es a su vez el asesor legal de la familia (y a veces, también de la empresa familiar) de toda la vida y cuenta con la ventaja de conocer a todos, o casi todos, los implicados y disponer de mucha información histórica que sirve de marco de referencia. En cualquier caso, es importante que los criterios para seleccionarlo tengan que ver con su experiencia en procesos similares y con la valoración de sus capacidades relacionadas con la empatía y la destreza de interlocución con todos los implicados. Además, ha de contar con unos valores éticos intachables y ser percibido como completamente equidistante respecto de todos los miembros de la familia. Por ejemplo, si se trata del asesor legal de la compañía, conviene evitar el riesgo de que algunos puedan pensar que su independencia de criterio está comprometida y que se verá condicionado por su vinculación con los familiares ejecutivos. Lo importante es conseguir consenso real en el seno de la familia, por encima de las cuestiones técnicas-jurídicas. Siempre se puede implicar a los abogados cuando hay dudas técnicas y, también posteriormente, si se considera conveniente para poner negro sobre blanco, en formato jurídico, los acuerdos adoptados.

Dicho todo esto, he dejado para el final del capítulo la idea que quizá sea más importante retener: no existe fórmula mágica ni manual de organización de aplicación directa para la empresa familiar o para las familias empresarias. Algunas de las reflexiones y herramientas que se presentan en este capítulo pueden ayudar aportando un marco de referencia o ciertos instrumentos útiles a la hora de organizar, pero las mejores soluciones y los mejores resultados se logran, principalmente, durante el proceso mismo de organización. Lo más probable es que no haya un modelo mejor que otro, especialmente, sin no se consideran las características de cada caso ni se adapta con conocimiento de la situación y realismo. Es durante el proceso de búsqueda honesta y sincera de soluciones cuando afloran las mejores capacidades y los mejores valores de los implicados en la empresa familiar, sea cual sea el modelo organizativo escogido finalmente.

Me gustaría terminar con una cita del académico y político mexicano Esteban Garaiz: «La familia se defiende inculcando a los menores los valores universales de la convivencia y, primeramente, el respeto a todos los seres humanos».

EPÍLOGO I.
CARTA DE BIENVENIDA
A UN CONSEJERO

Querido consejero:

Bienvenido a nuestra casa, que es la tuya a partir de hoy. Lo será durante todo el tiempo que nos acompañes a bordo de nuestro Consejo y esperamos que por mucho tiempo también después.

A partir de este momento, unimos nuestros caminos y alineamos nuestros intereses, compartiendo conocimiento y experiencias y alimentando mutuamente nuestras respectivas reputaciones.

Contar contigo es un orgullo para nosotros. Como sabes, la decisión ha llevado su tiempo, debido a su importancia y a que hemos querido estar seguros de que estaba bien meditada y será buena para todos.

Lo hemos ido hablando, pero queremos que sepas que estamos convencidos de que tu contribución al futuro de nuestra organización será determinante. Tu experiencia y conocimientos, unidos a tus competencias, actitud y valores éticos, serán de gran ayuda para seguir construyendo una compañía exitosa y de la que podamos sentirnos cada vez más orgullosos.

Esperamos corresponderte en la misma medida, ofreciéndote una compensación justa y un trato honesto y respetuoso.

Estamos seguros de que nos pondremos a tu altura para acogerte y ayudarte en el proceso de integración. Y trabajaremos para que este sea lo más agradable, eficaz y eficiente posible. No dudes en hacernos llegar cualquier sugerencia sobre ello.

Gracias de nuevo por aceptar nuestro ofrecimiento y bienvenido.

Atentamente,

xxxxxxxxxxxxxxxxxxxxxx
Presidente del Consejo de Administración

EPÍLOGO II.
CARTA DE DESPEDIDA
A UN CONSEJERO

Querido consejero:

Desde que unimos nuestros caminos, sabíamos que algún día llegaría este momento. Parte de tu esencia se queda con nosotros y esperamos que este proyecto siga siendo tuyo para siempre. Sin embargo, es tiempo de dejar el puesto para que otros puedan recoger el testigo y hacer su propia aportación.

Esta es una carta que pretende expresar nuestro más sincero y profundo agradecimiento por la herencia que nos dejas, por tu legado. No es un momento triste, sino alegre, por recordar el camino que hemos recorrido juntos y el buen sabor que nos dejas.

Gracias por todos estos años de honesto servicio incondicional, en los que has aportado toda tu sabiduría y buen hacer. Gracias por tu independencia de criterio y sensatez, que nos han ayudado a tomar tantas buenas decisiones y a no equivocarnos en muchas otras. Gracias por celebrar con nosotros los éxitos y por vivir los retos como si se tratara de tu propia familia. Gracias por las formas, por tu educación, sobriedad, falta de egoísmo y empatía, y por las innumerables contribuciones al crecimiento de la compañía y del Consejo del que has formado parte hasta ahora.

No solo has superado con creces las expectativas que en su día pusimos en ti para que nos acompañaras, sino que la inmejorable actitud y la ética intachable por las que siempre has sido un ejemplo a seguir hacen que tanto tú como tu contribución forméis parte de esta compañía para siempre.

Esperamos haber sabido corresponderte como mereces y que guardes tan buen recuerdo de nosotros como nosotros conservamos de ti.

Sé que hablo en nombre de todos cuando te deseo lo mejor para el futuro y que sigamos en contacto para seguir disfrutando de la compañía, también en lo personal.

Querido xxxxxxx, gracias por todo y hasta siempre.

xxxxxxxxxxxxxxxxxxxxxx
Presidente del Consejo de Administración

ANEXO I.
RECOMENDACIONES SOBRE LA INFORMACIÓN NECESARIA PARA LA PREPARACIÓN DE LAS REUNIONES DE CONSEJO

Un aspecto muy relevante relacionado con la eficiencia (y a su vez, con la eficacia) de los consejos es la información que se pone a disposición del consejero. No solo en relación a cuándo o a la cantidad que se le hace llegar (tanto por exceso como por defecto) sino, especialmente, a su calidad. Con esto, no me refiero exclusivamente a la calidad general y a la consistencia del «dato», sino, también, a la información cualitativa que se pone a su disposición.

Este libro no pretende ser un tratado sobre cómo elaborar los necesarios informes o los sistemas de información de gestión que ponen a disposición de directivos, administradores y accionistas, la información necesaria para hacer un adecuado seguimiento de los principales KPI que la compañía ha decidido establecer en base a sus planes estratégicos y operativos o a herramientas como el Balanced Scorecard *(Kaplan & Norton, 1996)*. Y mucho menos, entrar a valorar las numerosas herramientas y empresas más o menos especializadas que existen en el mercado y que ofrecen sus servicios para desarrollarlas e integrarlas con los sistemas de gestión de las compañías.

Sí quiero sugerir algunas directrices destinadas a poner el foco en lo realmente importante y a evitar la falsa sensación de control que puede dar el hecho de tener, mensualmente, un montón de números impresos en un formato determinado (bien se trate de una cuenta de resultados, de un cuadro de mando integral o de cualquier otra cosa). Estas recomendaciones aplican de lleno cuando se preparan los llamados *packs* de documentación para consejeros, con los cuales la información debería llegar a tiempo, ser cuantitativa y cualitativamente suficiente y estar bien estructurada, con el fin de permitir a los consejeros conocer todos los aspectos relevantes para un correcto análisis de la situación, bien se trate de contenidos recurrentes o extraordinarios y/o *ad hoc* para una reunión de consejo concreta.

Se enumeran, a continuación, las principales recomendaciones.

Los documentos deben ser sintéticos y destacar hechos relevantes, oportunidades y amenazas, así como, sobre todo, desviaciones y medidas de corrección adoptadas y/o propuestas, con sus correspondientes explicaciones (especialmente, cuando los KPI habituales no las reflejen). La información en detalle para sostener las afirmaciones o permitir un análisis en profundidad debe recogerse en los correspondientes anexos.

Cuando los dosieres de información son extensos, es conveniente que incluyan al principio un resumen ejecutivo. Además, independientemente del tamaño, es muy recomendable que se indique si la documentación incluida se adjunta para informar, para debatir o para tomar una decisión. Asimismo, algo que resulta de bastante utilidad es incluir una lista de preguntas para que los consejeros piensen en sus respuestas como ayuda para la preparación de la sesión de consejo.

Aunque parte de la información puede ser habitual y recurrente (*i. e.*, estados financieros), los informes deberán prestar especial interés a los contenidos previstos y preestablecidos para cada consejo, así como a aquellos que vayan a ser tratados de forma extraordinaria. Por lo tanto, el contenido de la documentación para cada consejo tendrá que ajustarse a los contenidos y temas de debate previstos para cada consejo, aunque pueda contener partes invariables.

El sistema de información a los consejeros debe entenderse como una herramienta «viva» que irá evolucionando para ajustar y afinar su contenido y su forma a las necesidades que se vayan observando. También evolucionará por otros motivos, como la incorporación de herramientas de automatización y sofisticación que puedan ayudar en su elaboración y puesta a disposición o en la medida en que cambien, por ejemplo, las unidades de negocio o las compañías del grupo y sus respectivos retos.

El sistema de información debe ser acorde al diseño de calendario y de contenidos de los consejos y es clave para conseguir la eficiencia necesaria para tratar todos los temas acordados en los tiempos y calendarios previstos.

Por último, es muy recomendable designar a un responsable único para la implantación y gestión del sistema de información, cuyas responsabilidades principales son:

- Coordinar las diferentes fuentes de información para la elaboración de los documentos.
- Asegurar los calendarios de entrega de información.
- Garantizar la calidad, coherencia y consistencia de la información.
- Asegurar que los responsables de unidades de negocio (o cualquier otro implicado en la elaboración de la información) comprenden la finalidad del documento y

las directrices determinadas por el órgano de gobierno, en particular, las relativas a la parte cualitativa los informes.

Este responsable debería ser, además, el único interlocutor con el consejo para recoger *feedback,* con el objetivo de incorporar cambios y mejoras al sistema.

A continuación, desarrollo a modo de ejemplo lo que podría ser el índice de contenido de un *pack* de documentación para consejeros previo a una reunión de consejo, así como una breve explicación de su contenido:

A. Cuadro de mando. Se trata de una primera página que condensa los principales KPI, muestra la evolución en el tiempo (tendencia) de estos y compara las métricas alcanzadas con las presupuestadas y con referencias de mercado. Adicionalmente al dato concreto, se destacará la rendición obtenida en cada KPI (por ejemplo, con códigos de color semafóricos, diales o gráficos de evolución cuando sea conveniente).

B. Hechos relevantes. Es una segunda hoja donde la persona responsable de la unidad de negocio pone de manifiesto de forma sintética, pero suficiente, aquellos hechos relevantes que pueden no quedar claramente reflejados en el «cuadro de mando» y/o que son suficientemente significativos como para requerir mayor desarrollo. En esta parte del documento se pone especial énfasis en el análisis de desviaciones, en las correspondientes medidas correctoras (ya tomadas o propuestas) y en la detección de nuevas oportunidades y amenazas que convenga analizar y debatir en el consejo. Es una parte esencial del documento en la que los ejecutivos y responsables operativos ponen de manifiesto aspectos cualitativos que son difíciles o imposibles de visualizar a través de los números del cuadro de mando o de los estados financieros. Cuando haya información complementaria, se hará referencia concreta a dicha documentación.

C. Información complementaria. En este apartado, se incluirán los anexos y toda la información necesaria adicional y *ad hoc* que sean precisos para permitir un análisis con mayor profundidad y detalle de los dos apartados anteriores.

D. Seguimiento de acuerdos. A medida que se vaya llegando a acuerdos durante el desarrollo de los consejos, estos se irán reflejando en un documento de seguimiento que incluirá, como mínimo, la descripción y la fecha del acuerdo alcanzado, el nombre del responsable de llevarlo a cabo y la fecha límite fijada para su ejecución. Este documento de seguimiento puede formar parte del acta del consejo como anexo. Además, se incluirá actualizado como parte de la documentación facilitada para la preparación de los consejos, detallando el grado de cumplimiento de los acuerdos reflejados en el mismo, así como las consideraciones oportunas, especialmente, cuando se produzcan retrasos y/o desviaciones.

E. Estados financieros (*i. e.*, cuenta de resultados, balance de situación, *cash-flow*, estado de origen y aplicación de fondos o EOAF, etc.). Se especificarán las últimas versiones disponibles (consolidadas de grupo en su caso y por unidades de negocio), haciendo constar su fecha de edición y resaltando desviaciones y variaciones relevantes respecto a versiones anteriores y respecto al presupuesto anual. Esta información se incluirá independientemente del orden del día del consejo, de forma que permita un adecuado seguimiento de los estados financieros tanto si su análisis está incluido como si no, como un punto concreto del orden del día de la reunión.

F. Documentación *ad hoc* para el orden del día del consejo. A diferencia de los cinco primeros puntos, que no varían de un consejo a otro, en este apartado se incluye la documentación necesaria para tratar los temas no recurrentes incluidos en el orden del día del consejo en cuestión (*i. e.,* presupuestos y planes de acción, planes de inversión, propuesta de políticas corporativas, informes de auditoría, informes de cumplimiento normativo, etc.).

ANEXO II.
ALGUNAS CONSIDERACIONES Y MODELOS CONCEPTUALES SOBRE EL FUNCIONAMIENTO DE LOS EQUIPOS

En 2012, Google desarrolló un proyecto de investigación llamado Aristóteles, en el que durante dos años se analizaron más de 250 atributos en unos 180 equipos de trabajo. Los investigadores concluyeron que hay cinco factores críticos de éxito para que un grupo se comporte como un equipo de alta rendición:

1. Seguridad psicológica.
2. Confianza.
3. Estructura y claridad.
4. Sentido del trabajo.
5. Impacto del trabajo.

De estos cinco factores, el más importante es, probablemente, la seguridad psicológica. En entornos inciertos e interdependientes como el de un consejo, la seguridad psicológica es tan vital como frágil. Basándose en los aprendizajes del proyecto Aristóteles de Google, la Dra. Laura Delizionna, profesora en la Stanford University, postula que hay seis mecanismos que ayudan a construir seguridad psicológica:

A. Aproximarse al conflicto como colaboradores, no como adversarios. Las personas odiamos aún más perder de lo que nos gusta ganar. Los sentimientos de pérdida desencadenan reacciones competitivas, críticas o de autoalienación como consecuencia del sentimiento de impotencia. Se trata de buscar un enfoque de ganar-ganar en lugar de plantear un juego de suma cero en el que, cuando uno gana, el otro pierde, y donde el primero lo hace a costa del segundo.

B. Hablar de persona a persona. Consiste en empatizar con los demás siendo conscientes de que también necesitan respeto, reconocimiento, estatus y autonomía.

C. Anticipar reacciones y contraargumentos. Si anticipamos posibles reacciones a lo que digamos y, por ejemplo, apoyamos nuestras afirmaciones con pruebas que objetiven nuestro mensaje, quizá evitemos que este sea percibido como un ataque personal.

D. Reemplazar culpa por curiosidad. Las críticas y acusaciones en busca de culpabilidad tienen una alta probabilidad de generar conflicto, actitudes defensivas y a veces, incluso, la desconexión. La alternativa consiste en la curiosidad. Cuando alguien piensa que conoce la respuesta que dará su interlocutor, no está preparado para tener una conversación. La escucha activa y el lenguaje neutro exento de juicios de valor son elementos clave para mantener una auténtica conversación.

E. Pedir *feedback* sobre cómo nos expresamos. Preguntar sobre la forma en la que nos comunicamos desarma al «oponente» y arroja luz sobre posibles malentendidos, lo que hace que la confianza en los líderes aumente. Esto es así, especialmente, cuando los mensajes son duros y difíciles de digerir.

F. Medir la seguridad psicológica. Se trata de preguntar a los miembros del equipo cómo perciben el nivel de seguridad psicológica. Puede hacerse formalmente a través de cuestionarios incluidos en el sistema de evaluación del consejo, pero también de manera informal, preguntando a los miembros del equipo uno a uno, mejor en privado.

Por otra parte, al margen de las condiciones «ambientales», e independientemente del rol formal que se haya atribuido a cada miembro, los consejeros suelen desempeñar un rol *de facto* informal del que muchas veces no son conscientes. Dicho papel es de alto impacto en la dinámica del grupo y es crucial para el desempeño que se espera de un equipo que, como los consejos, debiera ser de alta rendición.

Existen varios marcos conceptuales, desarrollados por expertos en dinámicas de grupos y equipos de alta rendición, que son la base para que los equipos comprendan el funcionamiento de las dinámicas que se producen cuando interactúan y de los diferentes roles informales que pueden (o deben) darse en este tipo de equipos. Para quien tenga interés en profundizar sobre el tema, probablemente, uno de los más reconocidos es el que desarrolló Meredith Belbin tras más de una década de investigación en el Henley Management College de Whiteknights House Reading y muchos años de aplicación práctica. Este modelo basa sus conclusiones y recomendaciones en la descripción de nueve roles de equipo distintos. No se trata de tipos de personalidad (al estilo de lo que pretenden evaluar algunas pruebas psicotécnicas), sino de los rasgos de comportamiento con los que las personas tienden a actuar, contribuir e interrelacionarse dentro de un equipo, según los nueve tipos que define el modelo Belbin (investigador de recursos, cohesionador, coordinador, cerebro, monitor evaluador, especialista, impulsor, implementador y finalizador).

Del mismo modo, muchos consultores especializados en desarrollo de equipos de alta rendición basan sus modelos de análisis en la teoría de DISC, creada por el Dr. William Moulton Marston en la Universidad de Harvard en la década de 1920. Según el estudio del comportamiento de las personas, dicha teoría define cuatro rasgos de comportamiento: *d*ominancia; *i*nfluencia; *s*eguridad-regularidad; y *c*ontrol-cumplimiento de normas. Uno de los modelos basados en la teoría de DISC más empleados es el desarrollado por Bill J. Bonnstetter, cofundador de Target Training International Ltd. (TTI) en la década de 1980, que analizó el comportamiento de las personas en su estudio *Cómo las personas hacen lo que hacen*, y que define ocho estilos: conductores, persuasores, promotores, relacionadores, colaboradores, coordinadores, analizadores e implementadores. El conocimiento y el análisis de los diferentes estilos de comportamiento de los miembros de un equipo favorecen la comunicación, ayudan a identificar el potencial del equipo y fomentan el desarrollo personal y profesional para alcanzar mayores niveles de productividad.

Más recientemente, Carl Bates de Sirdar y Contribution Compass (Sudáfrica y Nueva Zelanda, respectivamente) han desarrollado un marco conceptual diferente centrado en los órganos de gobierno. Dicho modelo se basa en el análisis de rasgos complementarios en lo que denominan tipo de energía implícita de cada uno de los miembros de un consejo. En este sentido, en él se postula que las personas tenemos una tendencia subyacente a centrarnos en el qué, el quién, el cuándo o el cómo. La combinación de estos factores lleva a definir y clasificar ocho diferentes perfiles conductuales: catalizador, campeón, entrenador, conector, custodio, cultivador, conductor y calibrador. Según sea el peso de los diferentes perfiles en un órgano de gobierno, este tenderá a actuar de formas que propicien la activación, la inspiración, la sostenibilidad o el reajuste. Además, Swart y Bates relacionan el modelo con el propósito, la rendición, la sostenibilidad y el cumplimiento como elementos esenciales a impulsar por parte de los órganos de gobierno.

Los tres modelos, Belbin, DISC-TTI o Sirdar, son ejemplos de distintas maneras de entender las complementariedades e interrelaciones de los miembros de un equipo que pueden aplicarse directamente a los consejos de administración. No son excluyentes, pero tampoco complementarios, en el sentido de que es difícil aplicarlos de forma integrada. Puede ser más conveniente y eficaz aplicar cada uno de los modelos por capas, de forma secuencial, una vez que el anterior haya sido entendido e integrado como método para comprender el funcionamiento del equipo.

Los equipos son mucho más que un grupo de personas. Hay varias diferencias entre un grupo de personas y un equipo, pero tal vez la más importante es la movilización de un equipo en torno a una visión compartida (idealmente, construida por el propio grupo). Esto propicia relativizar el individualismo en pro del conjunto y, por ende, promover la flexibilidad que permite una comunicación más fluida y abierta para identificar y aprovechar oportunidades con mayor proactividad.

Los equipos de alta rendición están formados por personas que aportan los conocimientos, las competencias y las actitudes pertinentes. Además de compartir una visión y tener objetivos claros y consensuados, tienen bien definido el «método», que incluye el proceso de funcionamiento, y, sobre todo, entienden y aprovechan de forma complementaria y en pro del equipo las aportaciones de los diferentes roles informales que se desarrollan en los equipos. Esto último facilita en gran medida un buen clima, permite una comunicación fluida y fomenta la confianza y el respeto entre los miembros del consejo, imprescindibles para que el equipo funcione como un verdadero equipo de alta rendición.

Los equipos de reciente constitución no son nunca equipos de alta rendición. Necesitan de cierto tiempo para interactuar y para que cada miembro del equipo ocupe su espacio, conozca a los demás y obtenga el respeto profesional y la confianza que le eviten tener que estar preocupado por mantener o construir su propio prestigio dentro del grupo. Esto es así para cualquier equipo, pero lleva más tiempo en el caso de un consejo que se reúne con cierta frecuencia y periodicidad, pero que no interactúa a diario.

Ocurre lo mismo, aunque en menor medida y de forma distinta, cuando se incorpora un nuevo miembro a un consejo ya consolidado. Es difícil pensar que un consejo de nueva creación funcionará como un equipo de alta rendición en menos de seis meses o un año, si no más, aunque hay formas de acelerar el proceso.

En algunos casos, especialmente, cuando las cosas no funcionan, puede ser conveniente ayudar al equipo con el acompañamiento de algún consultor especialista en creación y gestión de equipos de alta rendición. En este caso, escoger al consultor adecuado es clave para el éxito del proceso, ya que, si no se hace bien o no es el momento adecuado para hacerlo, la intervención (el remedio) puede llegar a ser peor que la enfermedad.

AGRADECIMIENTOS

A Yolanda, mi amiga, socia y compañera de vida durante unos buenísimos años de los que solo guardo buenos recuerdos. Por provocarme y empujarme para escribir este libro; por convencerme de hacerlo personalmente, en vez de buscar a alguien en quien apoyarme para que lo hiciera por mí; y por su paciencia y comprensión mientras dedicaba horas a documentarme y a escribir.

A todos aquellos cuyas ideas no recuerdo haber hecho mías, mentores involuntarios en la mayoría de las ocasiones. Perdonadme por no mencionaros.

A mis socios y amigos Javier Pladevall, Manuel de Miguel y Rafael Paniagua, por aguantar mi exasperante perfeccionismo, pero, sobre todo, por ayudarme con su excepcional experiencia, talento y criterio a construir, los tres juntos, una práctica de consultoría que, basada en los conceptos desarrollados en este libro, hoy es mucho mejor que antes de asociarnos. También, por su contribución a este libro con buenas ideas y contenidos que lo han mejorado.

A mis también socios Javier Cremades y Ángel Fernández-Albor, por confiar en mi proyecto y acompañarme en la tarea de contribuir a mejorar la gobernanza corporativa de muchas organizaciones que contribuyen a crear un mundo mejor. A Javier, en particular, por su generosidad al permitirme ser su socio en Cremades & Calvo-Sotelo y por el maravilloso prólogo de este libro. A Ángel, por su desinteresada contribución en innumerables proyectos donde, su profundo conocimiento del marco legal y regulatorio, ha sido un factor crítico de aportación de valor. A ambos, gracias también por sus contribuciones a mejorar el contenido y las ideas de este libro.

A todos los compañeros de consejos, de los que he aprendido y con los que he compartido innumerables «momentos de la verdad». En particular, a Daniela Vilarasau, por pensar en mí y darme mi primera oportunidad como consejero independiente hace más de 20 años. Y a Jaume Bergé y Sonia Álvarez, socios fundadores de Aldgate Capital Partners, quienes durante muchos años me acompañaron en la generación de valor de mi empresa familiar a través del consejo, ayudándome a tomar buenas decisiones y a no equivocarme estrepitosamente cuando estaba convencido de hacer bien las cosas, aunque no era el caso.

A todos los clientes y amigos que, en todo el mundo, han confiado en mí durante estos años para que les ayudase a diseñar, construir o gestionar órganos de gobierno como instrumentos de generación de valor y protección de sus proyectos empresariales y familiares.

A Andrés Maldonado, socio de Virtus Partners, por confiar en mí y de quien he aprendido algunas de las mejores reflexiones sobre lo que es importante para los propietarios de empresas.

A Marlen Estévez, presidenta de WLW por contar conmigo para difundir el buen gobierno corporativo a través de las sesiones de formación del programa de perfeccionamiento de la Harvard Law School en el que participo como ponente cada año.

A mis socios y compañeros en numerosos proyectos empresariales de los que no he parado de aprender y de los que he tomado prestadas muchas buenas ideas. En especial a

Carlota Pérez, Carlos de Pedro y Javier Sanjuán, de los que sigo aprendiendo cada día de sus virtudes como amigos y personas.

A Adriana Domínguez, por esas largas conversaciones sobre gobierno y ética empresarial que han enriquecido mi visión y que he intentado destilar en diferentes partes de este libro.

A Carina Pardavila, Pablo Tovar y Sergio Vives, con quienes he mantenido interesantísimas conversaciones sobre gobierno estratégico y corporativo y que han enriquecido este libro con su contraste, ideas y puntos de vista personales desde la experiencia y el conocimiento.

A mis compañeros de Foro en YPO, por ser siempre una fuente de inspiración, amistad, aprendizaje continuo y crecimiento personal y profesional. Gracias, Alex Wit, Basola Vallés, Bastian Manintveld, Danil Romero-Abreu, David Gutiérrez, Félix Llorente, Javier Cremades, Jorge Schnura y Marta Malo.

A Rafel Suñol, Luis Álvarez, Lluis Osés, Miquel Lladó y Jordi Nadal, todos veteranos y experimentados consejeros de compañías de referencia y compañeros de consejo, por sus muchas aportaciones en general. Y, en particular, a Luis Álvarez, por algunas de las ideas principales de los capítulos dedicados a la empresa familiar y a la remuneración de consejeros, a Rafel Suñol, por su meticuloso *feedback* sobre muchas de las ideas contenidas en el libro, a Miguel Lladó por contagiar siempre optimismo y buen saber hacer, y a Jordi Nadal por ser una fuente inagotable de conocimiento, citas ilustres y recomendaciones de buena lectura y buen cine.

A Juanjo Planes, Carlos Abad y Xavier Mallafré, por sus puntos de vista y contraste sobre el contenido del manuscrito.

A Helena y Tania Planes, por mostrar con su ejemplo diario como, cuando hay aptitud, actitud, e implicación, las siguientes generaciones pueden contribuir al legado de la empresa familiar, haciendo tándem y mejorando lo presente.

A Andreu Veà, PhD, por ser «buena gente» y por su ejemplo de compromiso y valentía emprendedora y trascendente. Y por invitarme a formar parte de IP. Y por sus grupos en WhatsApp de chistes y memes sin fútbol ni política. Aire fresco y vehículo de desconexión aleatorio que servía para volver con energía cuando me encallaba en algún capítulo.

A Manuela Carmena, por invitarme a formar parte de su proyecto Éttica desde su fundación, por ser una fuente constante de inspiración y por su genuino interés en el bienestar y en servir a los demás con humildad. Y por su contagioso convencimiento de que las cosas se pueden hacer mejor. También, a Eva Leira, por presentarme a Manuela en su día, y a Rómulo Aguillaume, por pensar en mí para Éttica.

A mis admirados amigos de Ashoka, y a todos sus *fellows*, a los que simplemente hay que dar gracias por lo que hacen. A ellos también les quiero agradecer que, de una forma u otra, me dejen formar parte de sus proyectos. Gracias, en particular, a las siempre inspiradoras Alexandra Mitjans, Ana Dubois, Ana Sáenz de Miera y Antonella Broglia y a las fellows Clara Jiménez, Rosa Almirall y Gemma G. Clavell, PhD.

A Pablo Sánchez, impulsor y responsable de B-Lab en España, por su contribución a alguna de las reflexiones y de los ejemplos incluidos en este libro con relación a buenas prácticas de gobierno corporativo.

A Neus Martínez, por velar por el correcto orden de sujeto, verbo y predicado en mis frases. Por partir mis kilométricos párrafos en frases cortas y entendibles (casi todas). Por limitar mi insistente querencia por el uso de subordinadas. Por soportar estoicamente mis iteraciones. Por reírse en vez de mandarme a paseo cuando defendía lo indefendible en cuanto al correcto uso del lenguaje. A Natalia San Higinio, por idénticos motivos.

A Daniel Romero-Abreu, Beatriz Rodríguez y Elena Valerio, de Thinking Heads, por creer en mí, por sus valiosos consejos y por ayudarme a convertir este manuscrito en un libro que hoy se puede encontrar en las estanterías de la librerías físicas y digitales.

A Aurora Masip, por sus muchas y buenas aportaciones durante la revisión final del manuscrito, basadas en su insuperable conocimiento de la comunicación.

A Manuel Pimentel y Ángeles López, mis editores en Almuzara, por creer en este libro y por sus siempre buenas recomendaciones para mejorarlo hasta hacerlo realidad.

Y gracias a ti también, al que justo después de enviar el manuscrito a imprenta, a cabo de recordar. No me lo tengas en cuenta… te incluiré, sin falta, en la siguiente edición.

GLOSARIO

Benchmarking. Según Economipedia, técnica empresarial que consiste en utilizar un «comparador» o «*benchmark*» a modo de referencia sobre aquellos productos, servicios o procesos de trabajo eficientes que se consideran la mejor práctica en esa área.

C-level director. Término que hace referencia a los cargos ocupados por los primeros niveles ejecutivos de las compañías (por ejemplo, *chief executive officer* o CEO, *chief financial officer* o CFO, *chief marketing officer* o CMO, etc.).

Chief executive officer o CEO. término anglosajón equivalente a consejero delegado.

CNR. Comisión de Nombramientos y Retribuciones

Coste de oportunidad. Coste de la alternativa a la que renunciamos cuando tomamos una decisión concreta, que incluye los beneficios que podríamos haber obtenido de haber escogido la opción alternativa (fuente: economipedia.com).

Cuadro de mando integral. Herramienta de seguimiento del cumplimiento del plan estratégico desarrollada por Robert Kaplan y David Norton (y que en inglés se denomina *balanced scorecard*). Agrupa los diferentes KPI en base a su clasificación con relación a cuatro diferentes perspectivas jerárquicas y muestra las relaciones causa-efecto entre ellos.

Environmental, social y governance o ESG. Medioambiental, social y gobierno corporativo.

Management information system o MSI. Sistema de información para la gestión.

Non-disclosure agreement o NDA. Contrato legalmente vinculante que establece una relación confidencial. La parte o las partes que firman el acuerdo admiten que la información confidencial que puedan obtener no será divulgada salvo por requerimiento legal. En él, se suelen establecer penalizaciones para los casos de incumplimiento.

Key performance indicator o KPI. En español, indicador clave de rendición. Se trata de indicadores (habitualmente, cuantitativos) utilizados para medir el grado de consecución de objetivos de gestión previamente definidos y para los que se ha fijado una meta. Suelen formar parte del cuadro de mando integral o del MIS.

RSC. Responsabilidad social corporativa.

ODS. Objetivos de desarrollo sostenible para 2030, desarrollados en 2015 por el Programa de las Naciones Unidas para el Desarrollo.

Start-up. Empresa de reciente creación. Es frecuente asociar el término *start-up* a empresas de alto y rápido potencial de crecimiento, cuya escalabilidad está relacionada en muchos casos con su modelo de negocio digital o híbrido.

Stock options. Método de remuneración, habitualmente reservado a directivos, por el que se les permite obtener acciones de la compañía a un precio previamente fijado, normalmente inferior al de mercado. Se trata de una opción de compra que pretende alinear los intereses de los ejecutivos con la generación de valor para la compañía a medio y largo plazo, con la expectativa de que dicho incremento de valor se refleje en el precio de las acciones en el mercado.

Triple bottom line. Forma en que se miden los resultados de una compañía más allá de los económicos, incluidos también los relacionados con el impacto positivo en las personas y en el planeta. Asimismo, hacen referencia a este concepto las 3-P, por las siglas en inglés de *«profit, people, planet»*, correspondientes a beneficios, personas y planeta.

BIBLIOGRAFÍA

Chun Siong Soon (Duke-NUS Medical School), Marcel Brass (Humboldt-Universität zu Berlin), Hans-Jochen Heinze, John-Dylan Haynes. «*Unconscious determinants of free decisions in the human brain*». Nature Neuroscience 2008;11(5):543-5. DOI: 10.1038/nn.2112

Luis Felipe Sarmiento-Rivera, Jorge Alexander Ríos-Flórez. «Bases neurales de la toma de decisiones e implicación de las emociones en el proceso» *Rev. Chil. Neuropsicol.* 2017;12(2):32-37. DOI: 10.5839/rcnp.2017.12.02.06)

Jennifer Garvey Berger. *Unlocking Leadership Mindtraps: How to Thrieve in Complexity*. Stanford University Press; 2019.

Geoffrey A Moore. *Crossing the Chasm: Marketing and Selling Disruptive Products to Mainstream Customers*. Collins Business Essentials; 2017.

Stephen Turban, Dan Wu, Letian Zhang. «*Research: When Gender Diversity Makes Firms More Productive*». *Harv. Bus. Rev.* 2019.

Vivian Hunt, Sara Prince, Sundiatu Dixon-Fyle, Lareina Yee. *Delivering through Diversity*. McKinsey&Company; 2018.

Richard Kersley, Eugene Klerk, Anais Boussie, Bahar Sezer Longworth, Joelle Anamootoo Natzkoff, Darshana Ramji. *The CS Gender 3000 in 2019: The Changing Face of Companies*. Credit Suisse Research Institute 2019.

Daniel J. Sandberg. «*When Women Lead, Firms Win*». Quantamental Research. S&P Global; 2019.

Climate Principles for Enterprises. Disponible en: https://climate principlesforenterprises.org/

Organización para la Cooperación y el Desarrollo Económico (OECD). Principios de gobierno corporativo de la OCDE y del G20.

París: OECD Publishing; 2016.DOI: 10.1787/9789264259171-es
EMEA 360° Boardroom Survey. Principales preocupaciones en las agendas de los consejeros. Deloitte; 2016.

Esteban Ortiz-Ospina. «*Trust*». En: OurWorldInData.org; 2016 Disponible en: https://ourworldindata.org/trust

Instituto de Consejeros-Administradores, Asociación Española de Consejeros (IC-A). *Principios de buen gobierno para empresas no cotizadas.* Madrid; IC-A; 2020.

Carol Padgett, Amama Shabbir. «*The UK Code of Corporate Governance: Link between Compliance and Firm Performance*». ICMA Centre Discussion Papers in Finance; 2005.

Cándido Paz-Ares. «El gobierno corporativo como estrategia de creación de valor». *InDret* 1/2004.

Meidy Ayu Nadia, Andewi Rokhmawati, Edyanus H Halim. «*The Effect of Corporate Social Responsibility and Good Corporate Governance on Firm Value with Financial Performance as the Mediation Variable*». Universitas Riau Indonesia; 2019.

Manuel Ammann, David Oesch, Markus M. Schmid. «*Corporate governance and firm value: international evidence*». *J. Empir. Finance* 2011;18(1).

Orlando Lima Rua. «*Linking Intangible Resources and Competitive Advantage*». En: *Handbook of Research on Corporate Restructuring and Globalization.* IGI Global; 2019.

Elsa González Esteban. «La teoría de los stakeholders: un puente para el desarrollo práctico de la ética empresarial y de la responsabilidad social corporativa». *Veritas* 2008.

Brian Bolton, Jung Eung Park. «*Corporate governance, family firms and innovation*». En: Kostyuk A., Guedes M. J. C., Govorun D. (eds.). *Corporate Governance: Examining Key Challenges and Perspectives.* Sumy, Ukraine: Virtus Interpress; 2020. pp. 90-97.

Frederick Adjei, Mavis Adjei, Fred Adjei. «*Corporate Governance and Corporate Performance Dispersion*». *J. Financ. Econ.* 2017;5(1):11-17. DOI: 10.12691/jfe-5-1-2

Sanjai Bhagat, Brian Bolton. «*Corporate governance and firm performance*». *J. Corp. Fin.* 2008;14:257-273.

Hollis Ashbaugh Skaife, Daniel W. Collins, Ryan LaFond. «*The Effects of Corporate Governance on Firms' Credit Ratings*». *J. Acct. & Econ.* 2004;42(1-2):203-243.

José Víctor Pinzón, Omar Giovanni Rosero, Carlos Andrés Zapata. «Relación entre gobierno corporativo y desempeño financiero: evidencia para las empresas colombianas durante el periodo de 2006 a 2013». *Rev. Fac. Cienc. Econ.* 2018;26(2). DOI: 10.18359/rfce.2731

Urbi Garay, Germán González, Maximiliano González, Yelhis Hernández. *Índice de buen gobierno corporativo y desempeño financiero en la Bolsa de Valores de Caracas.* IESA; 2006.

Paul Gompers, Joy Ishii, Andrew Metrick. «*Corporate Governance and Equity Prices*». *Q. J. Econ.* 2003;118(1):107-156.

Zeshan Anwar, Bilal Aziz. *Does corporate governance stimulate firm performance? Assessing corporate governance practices towards social welfare.* New Horizons, Knowledge Bylanes; 2019.

Ruth V. Aguilera, Álvaro Cuervo-Cazurra. «*Codes of Good Governance Worldwide: What is the Trigger?*». *Organ. Stud* 2004. DOI: 10.1177/0170840604040669

Ley 19/2013 de Transparencia, Acceso a la Información Pública y Buen Gobierno.

Circular CNMV 1/2004, sobre la información financiera a presentar por las entidades emisoras de valores admitidos a negociación en el Mercado de Valores Español.

Circular 2/2005 del Banco de España, sobre Gobierno Corporativo para Cajas de Ahorros: BOE-A-2005-6972.

Real Decreto Legislativo 1/2010, de 2 de julio, por el que se aprueba el texto refundido de la Ley de Sociedades de Capital.

Informe de la Comisión para la Defensa y Ampliación de la Competencia (Informe de la Comisión Olivencia) (1998).

Informe de la comisión especial para el fomento de la transparencia y seguridad en los mercados y en las sociedades cotizadas (Informe de la Comisión Aldama (2003).

Código unificado de buen gobierno corporativo de las sociedades cotizadas (CNMV 2006 y 2013).

Código de buen gobierno de sociedades cotizadas (CNMV 2015 y 2020).